Sarah S. Niedermeier

Rotz, Trotz und Kreischalarm

Der Weg zu einer gelassenen Mutterrolle

Buch

Vor drei Jahren ist Maries Tochter Fiona auf die Welt gekommen. Die 30-Jährige beschreibt, wie für sie das Mutterdasein als Ehefrau, Schwiegertochter, Freundin, Psychologin und Tochter ist. Sie schildert ihre Erfahrungen, Erkenntnisse und Erlebnisse und beweist ganz offen, dass Elternsein zugleich unbeschreibliches Glück, aber auch eine absolute Herausforderung ist. Zwei Jahre nach Fionas Geburt bekommt Marie erneut Nachwuchs und zeigt, wie sich die neuen Veränderungen im Familiensystem anfühlen. Immer auf der Hut gute Eltern zu sein, versucht sie zusammen mit ihrem Mann Ralph ihren Kindern einen guten Start ins Leben zu bieten. Doch im Alltag, unter Zeitdruck oder in stressigen Situationen kommt es manchmal zu Verhalten, das Marie dann später bereut. Eltern sind halt auch nur Menschen, die Fehler machen dürfen. Ganz offen zeigt Marie, dass keine Frau als Mutter geboren wird, wie sich der Rest der Welt ins Elterndasein einmischt, wie Mütter miteinander in Wettkämpfe treten, wie man dauernd wegen Krankheiten und Impfungen zum Kinderarzt rennt und wie die ganze Last der Mutterrolle auf ihren Schultern liegt und sie das trotz allem gut bewältigt. Jede Mutter macht Fehler, keine ist perfekt. Man wächst mit seinen Aufgaben...

Autorin

Sarah S. Niedermeier, Jahrgang 1988, arbeitete vor ihrer Elternzeit als Psychologin in einer Klinik. Nun genießt sie ihr Mutterdasein mit ihren beiden Kleinkindern. In familienfreien Minuten ist sie freiberuflich als Coach und Beraterin tätig und promoviert im Bereich der emotionalen Kompetenz. Zufällig gibt es in ihrem Leben viele Parallelen zu Maries Geschichten... Voller Ehrlichkeit und Emotionalität verarbeitet die Autorin, die mit ihrer Familie in Würzburg lebt, Alltägliches aus ihrem Familienleben.

www.nekc.de

SARAH S. NIEDERMEIER

Rotz, Trotz und Kreischalarm

Der Weg zu einer gelassenen Mutterrolle

Bibliografische Information der Deutschen Nationalbibliothek

Die Deutsche Nationalbibliothek verzeichnet diese Publikation in der Deutschen Nationalbibliografie; detaillierte bibliografische Daten sind im Internet über http://dnb.dnb.de abrufbar.

2.Auflage

Dieses Buch

widme ich meinen beiden Kindern,

***

sowie meinen Geschwisterkindern

Dominik, Christopher und Vincent,

***

sowie Feline, Luise und Pauline,

Louis, Hannah, Konrad und Henning

***

sowie allen jetzigen

und künftigen Kindern

unserer aller Kinder.

***

Und irgendwie sind wir doch alle auch noch Kind...

Inhalt

Vorwort

In dem Bildungs- und Erziehungsplan für Kinder von 0 bis 10 Jahren der hessischen Landesregierung haben mich folgende Sätze über den gesellschaftlichen Wandel und den Umgang mit Kindern sehr beeindruckt:

„Die Welt, auf die hin wir unsere Kinder bilden und erziehen, unterliegt einem permanenten Wandel. Der gegenwärtige Wandel ist weit mehr als nur ein Übergang von der Industrie- zur Wissensgesellschaft. Er betrifft die Art und Weise, wie wir unsere Welt wahrnehmen und interpretieren. Kinder wachsen heute in einer kulturell vielfältigen, sozial komplexen, hoch technisierten Welt auf, die beschleunigten Wandel aufweist, individuelle Freiheit zum hohen Gut erhebt, räumliche und zeitliche Besonderheiten anerkennt und die Orientierung in hohem Masse zur individuellen Herausforderung werden lässt." [1]

Diese Sätze zeigen, dass unsere Kinder stetig gesellschaftlichen Veränderungen unterliegen und höchst wandelbar sein müssen. Veränderungen beginnen schon, wenn das Baby aus dem Mutterleib ins Leben gepresst oder auch geholt wird (Kaiserschnitt). Plötzlich ist es nicht mehr eng umgeben von 37 Grad süßem Fruchtwasser, sondern spürt schlagartig die kühle Luft, Helligkeit, oft lärmende Umgebung und Schwerkraft. Zum ersten Mal entfalten sich die Lungen und das Baby atmet selbständig. Instinktiv nimmt nun Mama oder Papa das

Neugeborene in den Arm, um das Baby von den neuen Eindrücken zu beruhigen, ihm Schutz und Geborgenheit zu gewähren. Nach der Geburt wird das Neugeborene minutenlang gehalten, bis es zum ersten Mal vom Kinderarzt und der Hebamme untersucht wird. Aber im Herzen begleiten wir Eltern unsere Kinder ein Leben lang.

Durch die Geburt meiner Kinder, die mir von Beginn an blindes Vertrauen, Liebe und tiefste Verbundenheit entgegengebracht haben, lernte auch ich wahre Veränderungen kennen. Oscarpreisverdächtig kannte ich meine bisherigen Rollen als Babysitter, Tochter, Studentin, Partygängerin, Freundin, Kollegin und Psychologin in- und auswendig. Doch durch meine Kinder lernte ich, als Neue in der Mutter-Szene, überwältigende Gefühle der Fürsorge und Liebe sowie Selbstlosigkeit kennen. Meine Kinder sind momentan der Mittelpunkt und Sinn meines Lebens, denn durch sie fühle ich mich auf lange Sicht gebraucht und geliebt. Täglich beobachte ich mit Freude, wie sie jeden Tag dazulernen.

Nach der Geburt meines ersten Kindes kam zusätzlich ein neuer Part in mein Leben: die Löwin mit Superkräften. Bisher würde ich ganz stumpf sagen, waren mir nur ein gewisser Egoismus, Karriere, Aussehen und gleichberechtigte Partnerschaft wichtig, doch plötzlich umsorgte ich wachsamer als wachsam „mein Junges“ und wollte es physisch und psychisch nach bestem Gewissen großkriegen! Immer wieder versuche ich durch die Augen meiner Kinder zu blicken, zu sehen, was sie sehen und inspiriert. Das kindliche, egozentrische Weltverständnis bringt mich leider viel zu schnell und oft zur Weißglut, doch besteht ihre Motivation ganz einfach nur aus ihren Bedürfnissen und Wünschen.

Nach sorgsamer Familienplanung wurden dann plötzlich traditionellere Arbeitsteilungen mit Ehemann, finanzielle Abhängigkeit und ein 24-Stunden-Baby zum Alltag. In der Pubertät hatte ich schon starke Emotionen kennengelernt, doch mit der Schwangerschaft und dem Mama-Dasein wurde mir die ganze Palette meiner Hormone und Emotionalität noch viel nähergebracht. Als wäre das nicht schwierig genug, werde ich täglich aufs Neue mit anderen (kinderlosen) Frauen- und Mutterbildern konfrontiert. Rabenmutter, Karrieretussi, Hausfrau oder Heimchen-Mami, jede Frau muss sich dauernd rechtfertigen, vor dem Staat, dem Arbeitgeber, dem Ehemann, den Eltern und als wäre das nicht genug, auch noch vor den eigenen Freundinnen. Und doch scheint es keine Frau irgendwie richtig zu machen!

Mit diesem Buch beschreibe ich meinen Weg ins Mama-Dasein, wie ich es in den ersten drei Lebensjahren meiner Tochter geschafft habe, meine persönliche Mutteridentität zu finden, wertzuschätzen, vor anderen rechtzufertigen, zu entwickeln und zu festigen.

Nach den meisten Kapiteln sind Informationen und/oder bewährte Tipps zu finden. Zusätzlich können Sie eigene

Gedanken und persönliche Notizen nach vielen Kapiteln hinzufügen.

Nutzen Sie die Anregungen, die Ihnen gefallen und leben Sie ihre eigene Mutterrolle, die Ihnen guttut! Alleine, dass Sie dieses Buch in Händen halten und lesen, zeigt doch, was für engagierte Eltern, wie reflektiert und interessiert Sie sind…

Viel Freude!

Auf einmal bin ich Mutter!
(Fiona ist 3 Tage alt)

„Geboren wird nicht nur das Kind durch die Mutter, sondern auch die Mutter durch das Kind."
Getrud von Le Fort (1876-1971)

Nachdem unsere Tochter Fiona geboren wurde, blieben mein Mann Ralph und ich mit ihr für zwei Nächte im Krankenhaus in einem gemütlichen Familienzimmer.

An Schlafen war dort nicht zu denken, denn ich war viel zu sehr damit beschäftigt mein Baby anzuhimmeln, es zu beobachten und kennenzulernen. Diese Geräusche, die es machte, waren faszinierender als alles andere auf der Welt. Ob irgendwo ein neuer Präsident gewählt wurde, oder ein Kreuzfahrtschiff von Piraten gekapert worden war, interessierte mich einfach nicht die Bohne. Meine vollständige Konzentration richtete sich auf mein Neugeborenes, was ich geboren hatte!

Ich bin so froh, dass es dir gut geht und dass du nun da bist, flüsterte ich in Gedanken zu meinem Baby.

Sobald ich es bewunderte, verschwanden meine Erschöpfung, die Schmerzen und das Wundgefühl. Fasziniert schaute ich diesen zarten Körper mit den winzigen Händen und Füßchen an und genoss den innigen tiefen Blick, wenn Fiona ihre Augen öffnete und mich ansah. Immer wieder beobachtete ich auch Ralph, wie er die Kleine glücklich betrachtete und mit ihr kuschelte. Die Angst, irgendetwas zu verpassen, ließ mich einfach nicht zur Ruhe kommen.

Wir hätten die gemeinsame erste Zeit dort zu dritt viel mehr genossen, wenn wir nicht dauernd von Krankenschwestern, Stillberaterinnen, Ärzten, einer Fotografin und weiterem Personal gestört worden wären. Spätestens alle zwei Stunden kam jemand vorbei, auch in der Nacht, das ist nicht übertrieben. „Was möchten Sie heute Mittag essen?“, wurde ich beispielsweise morgens um 7.40 Uhr gefragt, obwohl ich das doch schon schriftlich am Vortag ausgefüllt hatte!

Endlich ging es dann nach Hause und ich freute mich darauf, mich von der Geburt und auch vom anschließenden Krankenhausaufenthalt in unserer Ruhe-Oase zu erholen und unser Töchterchen so richtig bei uns ankommen zu lassen. Aus unserem stabilen Pärchen-Duo ist nun ein Trio geworden: Wir sind ab jetzt eine richtige Familie! Und unser kleines Wunder ist wirklich wahr geworden und heißt Fiona.

Ich konnte meine Blicke gar nicht von ihr abwenden und nichts auf der Welt erschien mir nun wichtig, außer ganz, ganz viel Zeit mit meinem Baby verbringen zu können…

Fionas kräftige Stimme überraschte mich sehr, wenn sie weinend ihren Hunger kundtat. Von nun an waren wir (mit) zuständig für die körperliche, intellektuelle und moralische Entwicklung eines solch winzigen Menschleins...

Werden wir das schaffen?

Wird Fiona einmal sagen können, dass sie eine schöne Kindheit hatte?

Werden wir gute Eltern werden?

Fragen, die ich mehr oder weniger bewusst erst einmal beiseiteschob…

Zu Hause hielt ich Fiona im Arm, während ich im Arm meines Mannes lag. Ich schnupperte an ihr und sog ihren Geruch tief ein. Wir genossen diese Verbundenheit und Innigkeit und immer mal wieder huschte ein Engelslächeln über Fionas kleines, zartes Gesicht. Ich erinnere mich noch genau an diesen Moment voll tiefster Liebe und Zärtlichkeit. Irgendwann wurde Fiona dann wach und hatte Hunger. Gott sei Dank war nun auch meine Hebamme da.

„Meinen allerherzlichsten Glückwunsch, Marie! Das ist ja eine wunderschöne Tochter, die du da zur Welt gebracht hast“, gratulierte mir meine Hebamme aufrichtig.

Ich war so stolz!

Ungestört zeigte mir die erfahrene Hebamme in heimeliger Atmosphäre, wie das Stillen klappt. Ich fand, dass es bei anderen immer so einfach aussah…

Nachmittags besuchten uns meine Eltern und Großeltern, die es kaum erwarten konnten, ihr Enkel- bzw. Urenkelkind kennenzulernen. Ich freute mich riesig darauf und erlebte diesen Augenblick voller Freude.

Ralph hatte Pizza bestellt, die wir genüsslich aus Pappkartons aßen, während ich auf einem weich gepolsterten Sitzring saß, um meine Dammnaht zu schonen (obwohl mir gesagt wurde, dass ich das lieber nicht machen soll, da sonst noch mehr Druck auf den Beckenboden ausgeübt werden würde). Alle waren voll zufrieden und konnten ihre Blicke kaum von Fiona wenden.

Wie kann das sein, dass ich ein Baby habe, gleichzeitig aber selber ein Kind meiner Mutter bin und meine Mutter auch noch Kind ihrer eigenen Mutter, also meiner Oma, ist?

Fiona wanderte von Arm zu Arm und jeder, der sie ansah, war ihrem Babyzauber erlegen. Nach zwei Stunden quartierte sich mein Familienbesuch wieder in ihr Hotel ein, was sehr angenehm war, da ich sie anrufen konnte, wenn ich sie brauchte und gleichzeitig wieder den nötigen Abstand hatte, damit Ralph, Fiona und ich uns aneinander gewöhnen konnten.

Bewährte Tipps für den Umgang mit einem Neugeborenen

- Ein Baby braucht achtsame, liebevolle und verlässliche Eltern.
- Es ist hilfreich, sich in das Baby hineinzufühlen, um seine Bedürfnisse zu erkennen.
- *„Das beste Mittel dafür ist, viel Zeit miteinander zu verbringen, aufmerksam zu beobachten und auszuprobieren. Besonders wichtig für Neugeborene oder überhaupt für kleine Babys ist, dass ihre Eltern unmittelbar auf die geäußerten Bedürfnisse reagieren. Und das heißt wirklich: sofort!"* [2]
- Babys können ihre Emotionen noch nicht selbst regulieren und brauchen dazu elterliche Hilfe.
- *„Die schlaflosen Nächte fallen einem oft ein wenig leichter, wenn man die Erwartungen runterschraubt- dann ist es nicht ganz so*

schrecklich, wieder einmal aufstehen zu müssen. [...] Zwingen Sie Ihr Baby nicht mit Gewalt zum Schlaf und gestehen Sie ihm zu, dass es noch nicht so funktionieren muss wie ein Erwachsener.“ [3]

- Allgemein ist es gut, aufs Bauchgefühl bzw. auf die eigene Intuition hören.
- Viel mit dem Kleinen in Babysprache zu reden, fördert die Bindung, beruhigt und hilft dem Baby bei der Erlernung der Sprache (Beispiele: „Endlich bist du da“, „Was sagst du mir?“, „Liegst du weich?“, „Möchtest du noch kuscheln?“, „Ich ziehe dir eben eine neue Windel an.“, „Hier bei mir bist du sicher“, usw.).
- Eigene Gedanken/ Notizen:

____

____

____

____

Wochenbett

(Fiona ist 10 Tage alt)

„Jeder Augenblick ist von unendlichem Wert."
Johann Wolfgang von Goethe (1749-1832)

Ich bin nun wirklich eine Mutter und habe nun ein eigenes Kind, ein Baby! Ich kann es kaum glauben.

Seit der Geburt muss ich mich immer wieder an den Gedanken gewöhnen, Mutter zu sein. Von nun an gibt es Fiona als ultimative Bindung zwischen Ralph und mir. Und ich bin ab jetzt Tag und Nacht für so ein hilfloses, kleines, wunderschönes Baby verantwortlich.

Doch gab es eben nicht nur Fiona, sondern auch noch meinen von der Schwangerschaft angeschwollenen Körper und meine Geburtsverletzungen. Selbst ein ganz normaler Toilettengang stellte sich für mich in der ersten Woche nach der Geburt als äußerst schmerzhaft dar.

In Ratgebern hatte ich gelesen, dass es in den ersten Tagen nach der Geburt (meist zwischen dem dritten und zehnten) zu einem Hormonschub kommen kann und 50-70% aller frischgebackenen Mütter wie aus heiterem Himmel in ein depressives Loch fallen, weil sie überfordert sind und sie sich alleingelassen fühlen. Doch bisher hatte ich da einfach wohl keine Zeit zu gehabt, denn ich badete eher in meinem Babyglück (gibt es eine Baby-Obsession???).

Jeden Tag, seit wir aus dem Krankenhaus wieder da waren, besuchte uns meine Hebamme, die sich wirklich Zeit nahm all unsere Fragen zu beantworten und uns

Tipps bei der Säuglingspflege gab. Die schönen Babyprodukte, die ich reichlich und fleißig vor der Geburt gekauft hatte (ja, es waren auch ein paar Coupons dabei, die ich eingelöst hatte), wurden sehr skeptisch von meiner Hebamme beäugt. Sie rollte nur mit den Augen und meinte: „Marie, da hast du dich aber ganz schön verleiten lassen", und erklärte, dass man eigentlich nur Baumwolltücher, Wasser und Olivenöl als Pflegemittel braucht. Beim Wickeln tränkte sie den Waschlappen erst in warmes Wasser, träufelte dann ein paar Tropfen Olivenöl drauf und wischte damit Fionas Po sauber. Auch zum Baden sollten wir nur warmes Wasser und Olivenöl nehmen…

Bewährte Tipps fürs Wochenbett

- Kühlschrank und Tiefkühltruhe vor Geburt reichlich füllen.
- Essensservice- vielleicht unterstützt die Mutter oder Oma beim Kochen?
- Sich frühzeitig eine vertrauensvolle Hebamme suchen, um die Schwangerschaft genießen zu können und sich im Wochenbett und bei der Babypflege helfen zu lassen.
- Es ist nicht leicht, plötzlich für 24 Stunden am Tag Verantwortung für ein so zartes, kleines Wesen zu haben. Sich bereits vor der Geburt Unterstützung bei Familie und Freunden sichern und sich diese dann auch gönnen (zum Beispiel entspannt baden, während das Baby spazieren gefahren wird).

- Das Baby ankommen lassen. Zeit füreinander haben und sich in Ruhe kennenlernen!
- Zusammen mit dem Partner überlegen, wer in der ersten Woche zu Besuch kommen darf. Dafür übernimmt der Partner die nötige Kommunikation.
- Über das Wohnungschaos hinwegsehen und einfach nur die erste Zeit mit dem Neugeborenen genießen. Der Alltag kommt früher oder später sowieso.
- Eine gute Freundin anrufen, die einfühlsam reagieren wird und der man schonungslos erzählen kann, wie die Geburt war und wie es einem jetzt geht.
- Die wundervollen Genuss- und Glücksmomente durch Fotos, persönliche Widmungen, Tagebuch, Briefe oder in einem Buch konservieren. [4]
- Mir hat es gutgetan, das Geburtserlebnis sowie emotional schwierige Situationen nach der Geburt mit meinem Partner zu besprechen. Immer wieder.
- Eigene Gedanken/ Notizen:

Gefühlstsunami beim Kinderarzt

(Fiona ist 4 Wochen alt)

„Man erlebt nicht das, was man erlebt, sondern wie man es erlebt."
Wilhelm Raabe (1831-1910)

In Fionas vierter Lebenswoche fuhren wir zum Kinderarzt zur U3, ihrer dritten Vorsorgeuntersuchung. Ich hatte mich extra nach einem guten Kinderdok erkundigt und so entschieden wir uns für einen, der besonders gut mit Babys umgehen kann. „Nur menschlich verhält er sich nicht ganz so empathisch zu den Eltern", verriet mir eine Mutter. Das nahmen wir gerne in Kauf, schließlich ging es hier um unseren Nachwuchs!

Die Praxis begeisterte uns sehr: Alles war bunt und kindgerecht und lud zu einem entspannten Aufenthalt im Wartezimmer ein. Im Babywartezimmer entdeckte ich an der Wand ein Poster, auf dem die häufigsten Ursachen aufgelistet sind, warum ein Baby weint:

- *Es ist müde.*
- *Es langweilt sich und möchte (mit Ihnen) spielen.*
- *Es hat Hunger.*
- *Es möchte Nähe und kuscheln.*
- *Die Windel ist nass und voll.*
- *Es braucht Ruhe, um neue Eindrücke verarbeiten zu können.*
- *Es friert oder ihm ist zu warm.*
- *Die Kleidung drückt irgendwo unangenehm.*
- *Es hat Schmerzen (zum Beispiel Blähungen).*

- *Es durchläuft gerade oder in Kürze einen neuen Entwicklungsschritt.*
- *Die Bezugsperson ist gerade unruhig/ gestresst und überträgt das aufs Baby usw.*

Eine andere Mutter schaute neidisch in die Babyschale, in der unsere prinzessinnengleiche Tochter lag.

„Die ist aber süß. Genießen Sie die Zeit, die werden so schnell groß!“ und blickte ein wenig enttäuscht zu ihrem krabbelnden Riesen-Kleinkind, das sich gerade sabbernd einen Bauklotz in den Mund steckte.

Endlich wurden wir in den Behandlungsraum gebeten, wo wir Fiona bis auf die Windel ausziehen sollten. Nach kurzer Wartezeit betrat der Kinderarzt den Raum und fragte: „Das ist also Fiona, sie ist drei Wochen zu früh auf die Welt gekommen?“.

Na, das ist ja eine Begrüßung. Kann er nicht mal erst gratulieren, schließlich haben wir vor vier Wochen ein Baby bekommen, überlegte ich irritiert und enttäuscht.

Der Kinderarzt wartete gar nicht auf eine Antwort, sondern legte einfach mit seinem Vorsorgeprogramm los. Gründlich überprüfte er Fionas Körperfunktionen, ihr Hörvermögen, ihre Reflexe und träufelte ihr Vitamin K in den Mund.

Kann er denn nicht erklären, was er da genau macht?

Dann untersuchte er ihre Hüftgelenke mittels Ultraschall, wobei sie weinte. Ich streichelte und küsste sie, während Ralph behutsam mit ihr sprach: „Das Gel vom

Ultraschall war jetzt ganz schön kalt, was? Aber du bist so tapfer, kleine Maus!"

Nach dem Ultraschall meinte der Arzt schroff: „Ziehen Sie ihre Tochter bitte wieder an" und verließ kurzangebunden das Zimmer.

Ralph und ich schauten uns wieder in die Augen, doch diesmal etwas verunsichert. Als der Kinderarzt wieder zurückkam, hatten wir drei uns alle wieder beruhigt. Sobald Fionas Weinen aufgehört hatte, tanzten auch meine Hormone nun nicht mehr Flummi und ich konnte wieder ganz normal atmen.

Der Kinderarzt setzte sich an seinen Schreibtisch.

„Also. Ich habe zwei Anliegen an Sie. Erstens: Das Gel für den Ultraschall ist nicht kalt, es ist immer angewärmt. Unterstellen Sie mir bitte nicht, ich würde Ihr Baby mit kaltem Gel quälen", meinte er nicht gerade freundlich an Ralph gewandt. „Und zweitens", nun blickte er mich an und fragte: „Stillen Sie Fiona?", was ich vorsichtig bejahte.

„Das dachte ich mir. Sie hat noch nicht genügend zugenommen. Pro Woche müssten es 150 Gramm sein, ihre Tochter hat hingegen durchschnittlich nur etwa 110 Gramm zugenommen. Vielleicht sollten Sie besser auf Flaschennahrung umstellen. Haben Sie sonst noch Fragen an mich? Nein? Dann bis zum nächsten Mal." und marschierte davon.

Auf dem Heimweg spürte ich meine postnatale Dünnhäutigkeit und ließ meinen Emotionen freien Lauf, denn aufzuhalten waren sie eh nicht mehr... Ich heulte hemmungslos über die unsensible Art des Doktors, Fionas Weinen während der Untersuchung und mein Schicksal, dass wir an so einen unfreundlichen Kinderarzt geraten waren.

Verheult rief ich meine Hebamme an. „Kannst du heute noch vorbeikommen, wir waren gerade beim Kinderdok und Fiona wiegt wohl zu wenig“, schluchzte ich in den Hörer.

Sie versprach noch am Abend vorbeizukommen.

Zu Hause streichelte ich Fiona sanft.

„Berührungen der Mutter sind nachgewiesenermaßen schmerzlindernd. Eine gesunde emotionale Entwicklung und psychische Stabilität sind nur durch eine „ausreichend gute“ Bindung möglich. Die Mutter sortiert die noch unsortierte Welt des Babys und hilft ihm, sich selbst zu steuern.“ [5]

Ein paar Stunden später war meine Hebamme da.

„Das Baby macht dich ganz schön weich, was? Mach dir keine Sorgen, die Mediziner gehen da strikt nach ihren Vorgaben. Ich versichere dir, dass es Fiona gut geht. Sieh sie dir doch mal an! Deine Milch ist erste Sahne“, sagte sie aufbauend, was mich wirklich sehr beruhigte und besänftigte.

„Voll gestillte Babys haben etwa fünf bis sechs nasse Windeln in 24 Stunden. Dabei ist der Urin fast farblos und nicht gelb verfärbt. [6] In den ersten vier bis sechs Wochen kann man etwa zwei- bis fünfmal täglich den senffarbenen Muttermilchstuhl in der Windel vorfinden.

Er hat eine dünnflüssige bis körnige Konsistenz“, erklärte sie mir.

So konnte ich durchs Wechseln und Zählen der Windeln feststellen, ob Fiona genügend trinkt. Doch statt eines gemütlichen Ausklangs am Abend bekam ich dann nachts einen fiesen Milchstau…

Bewährte Tipps für die ersten Besuche beim Kinderarzt

- Meist betreut der Kinderarzt die Familie über mehrere Jahre. Daher einen Kinderarzt des Vertrauens suchen, was bedeutet, dass er sich gut um das Baby kümmert und menschlich gut kommunizieren kann. Dazu zum Beispiel Empfehlungen anderer Mütter beachten. Und es ist äußerst praktisch, wenn die Arztpraxis nicht weit entfernt liegt und einfach zu erreichen ist…
- Eine gute Vorbereitung für die Untersuchung treffen: Die Fragen vorab auf einen Zettel notieren und die geklärten Punkte während des Arztgespräches abhaken, damit keine wichtigen Fragen vergessen und ungestellt bleiben.
- Das Baby „ausziehfreundlich“ anziehen, damit es schnell entkleidet und auch wieder angezogen werden kann.
- Eine dünne Decke/ ein Handtuch (fürs Warten bis der Arzt kommt) bereithalten, um das Baby zu wärmen.

- Bei Impfungen: selbst ruhig bleiben, ist die halbe Miete! Das Baby streicheln, beruhigen und ihm gut zureden.
- Immer eine gut gefüllte Wickeltasche dabeihaben.
- Wartezeiten sinnvoll nutzen, statt sich zu ärgern. Denn wenn wir an der Reihe sind, nimmt sich der Kinderarzt auch Zeit für uns.
- Eigene Gedanken/ Notizen:

____

____

____

____

Die ersten Wochen. Herausforderung zwischen Babymoon und emotionalen Tsunamis
(Fiona ist 7 Wochen alt)

„Gönne dir einen Augenblick der Ruhe und du begreifst, wie närrisch du herumgehastet bist."
Laozi (604-531 v. Chr.)

Die ersten sechs Wochen nach der Geburt unseres Kindes, in denen Ralph Elternzeit genommen hatte, waren vorbei und ich merkte, dass mein neues Dasein in der Mutter-Szene eine riesige Herausforderung für mich werden würde.

In den nächsten Monaten werde hauptsächlich ich die Verantwortung für Fiona tragen, dachte ich und mit einem Mal kam es mir vor, als ob meine Unbeschwertheit etwas abhandengekommen war.

Ich resümierte, dass selbst in Partnerarbeit die ersten sechs „Flitterwochen" mit unserem Baby nicht ganz so glückselig waren, sondern eher einem Wechselbad der Gefühle glichen. Und das Tag und Nacht.

Statt Babymoon kam es zu jeder Menge Meinungsverschiedenheiten zwischen Ralph und mir, die man auch als Streitigkeiten definieren könnte, Schuldzuschreibungen („DU hattest doch den Schnuller als Letzter, als du sie rumgetragen hast!") und Kommandos („Mach mal die Windel sauber!", oder „Ich brauch ein Spucktuch, schnell!"), statt liebevollen Bitten. Außerdem hatten wir (zu) oft Besuch und viel zu viel gut gemeinte Ratschläge von den Besuchern, die oft aber einfach nur nervtötend und verärgernd waren („*Die hat bestimmt Hunger*“, „*Du musst doch nicht immer gleich rennen, wenn sie schreit*“, oder „*Ihr dürft sie nicht so verwöhnen!*“).

Zudem gab es gewisse Differenzen zwischen unserem Schlafbedürfnis und dem unserer Tochter, was jede Menge schlaflose Nächte bedeutete und uns Eltern total schlauchte.

Alleine das Fiona-zum-Einschlafen-bringen, zog sich oft wie ein Kaugummi in die Länge, erforderte vollen Körpereinsatz und brachte uns manchmal an den Rand der Verzweiflung…

Für mich wurde der unstrukturierte 24-Stunden-Baby-Alltag im ersten halben Jahr von wöchentlich schmerzendem Milchstau inklusive Gliederschmerzen gekrönt. Zusammengefasst befand ich mich in einem emotionalen Tsunami und nichts schien mehr wie es war.

Das musste dann wohl doch sowas wie der Baby-Blues sein, überlegte ich.

Es war gar nicht so einfach Fionas Neugeborenen-Bedürfnisse zeitnah zu erkennen und zu erfüllen! Natürlich waren wir nun viel routinierter, doch die Vorstellung das nun alleine zu gestalten, wenn Ralph beruflich unterwegs war, versetzte mir leichte Bauchschmerzen. Zusätzlich mussten wir Eltern unsere abenteuerlichen Rollen des Mutter- und Vater-Daseins finden und kennenlernen und uns in unser neues Familiensystem einarbeiten. Unser gemeinsamer Traum vom süßen, braven Baby zeigte uns nun die anstrengende Realität: Fluch und Segen zugleich!

Zum Glück gibt es da ganz viele liebe Menschen in meinem Leben, die lieben (Schwieger)Eltern, Geschwister, Freunde und die Hebamme, die einem weiterhelfen und einen auffangen (um zum einen nicht allzu sehr auf Wolke sieben abzuheben und zum anderen auch um einfach nur den Alltag zu überstehen).

So hatte meine Schulfreundin Viktoria aus Berlin erst sieben Wochen vor mir ein Baby bekommen. Telefonisch, da sie über 500km entfernt wohnt, tauschen wir uns regelmäßig völlig offen, ehrlich und detailliert aus. Wir jammern, lachen, trösten und verspotten uns, plaudern aus dem Nähkästchen, wenn die Hormone mal wieder verrücktspielen und tun einander einfach nur gut, denn wir erleben und fühlen Ähnliches. Oder meine Freundin Anna, die noch kinderlos ist, aber völlig interessiert und liebevoll all meinen Erzählungen und Berichten lauscht.

„Freundinnen und Freunde sind für mich die, die mich so sein lassen, wie ich bin. Die nicht darauf warten, dass ich einen Fehler mache, sondern darauf, mir zu helfen, wenn mir einer passiert ist. Die nicht sauer werden, weil ich mich ewig nicht gemeldet habe, sondern nur dann, wenn ich nicht Bescheid gesagt habe, als ich sie brauchte. Die mir vielleicht mal den Kopf waschen, aber ihn danach auch ein bisschen tätscheln. Die wirklich

wissen wollen, wie es mir geht. Freunde können ganz anders sein als ich, oder genauso. Hauptsache, sie sind sie selbst.“

Dies ist eine, so finde ich, sehr passende Passage aus dem Buch „Muttergefühle. Zwei“ von Rike Drust.

Zurück zum 24-Stunden-Baby-Alltag. Meine Hebamme meinte, die Überforderung am Anfang sei normal. Dabei hatten Ralph und ich uns wirklich gut auf die erste Zeit mit unserem Nachwuchs vorbereitet. Und damit meine ich nicht nur die Besuche in Drogerien, im schwedischen Möbelhaus und Babyläden…

Bewährte Einschlafhilfen fürs Baby und Schlafinformationen

- Die „Top Ten der Baby-Beruhigungshilfen“: Stillen bzw. Milchflasche geben, Tragen (vor allem im Tragetuch), auf dem Gymnastikball Hüpfen, zu Musik Tanzen, Auto fahren, im Kinderwagen spazieren, Schaukeln und Wippen, Schnuller, Popo tätscheln oder wackeln, rhythmisches Singen.[7]
- Einfach ausprobieren, welche Beruhigungsmaßnahme für Ihr Baby die beste ist! Die ultimative Einschlafmethode, die bei allen Säuglingen funktioniert, gibt es einfach nicht, denn jedes Baby ist ein Individuum.[8]
- Babys haben einen kürzeren Schlafzyklus als wir Erwachsenen und schlafen auch unruhiger, um

mitzuteilen, wenn ihnen etwas fehlt (zum Beispiel Hunger, oder ihnen ist zu kalt).

- Sich nicht von selbst ernannten Fachleuten verunsichern lassen, die es vermeintlich besser wissen, sondern aufs eigene Gefühl hören und beobachten, was dem Baby am meisten hilft.
- Wir haben bei Fiona sehr viel ausprobiert, um zu testen, was ihr am besten gefällt. Ralph trug sie im Fliegergriff herum, wanderte von Zimmer zu Zimmer, bis ihr die Augen zufielen, während ich sie hingegen meist auf dem Gymnastikball hüpfend zum Schlummern brachte und sie währenddessen am Schnuller nuckelte.
- Eigene Gedanken/ Notizen:

____

____

____

____

Baby-Business- Mutterschaft als Lebenserfüllung!?
(Fiona ist 1 Monat und 3 Wochen alt)

„Wenn du nicht bereit bist,
dein Leben zu verändern,
kann dir nicht geholfen werden.“
Hippokrates (*um 460-370 v. Chr.)*

Fiona war gerade eingeschlafen, es war zehn Uhr morgens und ich fühlte mich total gerädert und müde. Ralph war wieder arbeiten und das 200 km entfernt. Noch für ein weiteres Jahr musste er beruflich leider so weit weg.

Gähnend betrat ich das Wohnzimmer mit der Absicht es aufzuräumen. Ich sah die leeren Wassergläser vom Vorabend und brachte sie noch schnell in die Küche. Dort stellte ich fest, dass mein soeben zubereitetes Frühstück noch gar nicht verspeist worden ist. Zudem müsste die Küche auch mal wieder gewischt werden. Verärgerung überkam mich.

Also gut, dachte ich und nahm die Brotstulle kauend in den Mund, trank den mittlerweile erkalteten Tee und begab mich zurück ins Wohnzimmer, da ich dort eigentlich aufräumen wollte.

Eins nach dem Anderen, sagte ich mir.

In dem Moment wimmerte Fiona, ich erstarrte kurz und betete, dass sie sich wieder beruhigte und sich nicht ihr grenzenloser Hunger meldete. Schnell hüpfte ich zu ihr und steckte ihr den herausgefallenen Schnuller in den Mund, den sie saugend entgegennahm.

Mein Baby war wieder eingeschlafen. Na Gott sei Dank!

Auf leisen Sohlen schritt ich wieder gähnend ins Wohnzimmer, wo ich die herumliegenden Spucktücher einsammelte, um eine 60 Grad Maschine anzumachen. In dem Moment klingelte es an der Wohnungstür. Gehetzt schaute ich an mir herunter und sah meinen mit Spuckflecken besudelten Schlafanzug.

Na klasse! War das der Postbote, oder nur wieder ein Zeuge Jehovas, der ein geistiges Gespräch sucht?

„Alles so ungeistige Hausarbeit, die man nur sieht, wenn sie nicht gemacht ist, und von der man so schnell nichts mehr sieht, wenn sie gemacht ist! Wozu hatte ich eigentlich studiert? Liegen meine Begabungen bis auf Weiteres brach? Gibt es vielleicht doch ein „Versauern am Herd"? Wie ertrage ich die gewisse Einsamkeit [...]?" [9]

Missmutig hatte ich in etwa solche Gedanken im Kopf. Bei mir zieht sich der Kampf mit den unerledigten Hausarbeiten immer, bis das gröbste Chaos beseitigt ist und ich mich dann wieder einigermaßen wohlfühle. Und manchmal kämpfe ich auch gar nicht erst mit dem Chaos-Parcour, sondern lasse erstmal alles so, wie es ist. Dann gebe ich mich meiner Müdigkeit (mit wohlgemerkt schlechtem Gewissen) hin und schlafe, wenn meine Tochter schläft. Fiona merkte leider immer schnell, wenn ich mich nach dem Stillen herausschlich und forderte, wieder in den Arm genommen und gestreichelt zu werden.

Hach, was habe ich neidisch in Mütterkreisen von Babys gehört, die 14 bis 18 Stunden am Tag alleine (!) in ihrem Bettchen liegen und schlafen würden. Zwischendurch werden sie gestillt, strahlen ihre Spieluhr an, werden gewickelt und schlafen dann wieder... Zumindest hatten das einige Mütter erzählt!

Im Schnitt sollen Babys unter einem Monat täglich etwa 16 Stunden (davon tagsüber sechs Stunden), Babys zwischen 2-3 Monaten ca. 15 Stunden (davon tagsüber vier Stunden) und Babys zwischen 4-6 Monaten etwa 13 Stunden (davon tagsüber drei Stunden) schlafen. Nur leider nicht am Stück.[10]

Das wäre dann für uns Mütter ja eigentlich ein kurzer Arbeitstag, wenn Säuglinge so viel schlafen, oder!? Von wegen! Bei uns war das alles andere als einfach...

In der Nacht stillte ich Fiona spätestens alle zwei Stunden, hinzu kam das mindestens zweimalige Windeln wechseln und einmalige Umziehen inklusive Body, Schlafanzug und Schlafsack, wenn mal richtig was danebenging (oben oder unten raus) und tagsüber brauchte mein Töchterchen innigen Körperkontakt und Beschäftigung.

Der Schlafentzug zerrte nach sieben Wochen an mir und so passte ich mich, wenn ich meinen Putzfimmel zurückhalten konnte, Fionas angeborenem Rhythmus auch tagsüber an: War es zehn Uhr morgens, lag ich neben ihr im Bett und schlief, bzw. probierte es zumindest. War es 12.30 Uhr Mittagszeit, lag ich auch neben ihr und versuchte mein Schlafdefizit wieder in den Griff zu kriegen.

Insgesamt schläft Fiona wohl auch 14 Stunden, jedoch nur im schaukelnden Kinderwagen, beim Autofahren, oder innigem Körperkontakt, was bedeutet, dass wir täglich eine intensive Zeit miteinander verbringen.

Bei Recherchen fand ich heraus, dass das mehrmalige Aufwachen des Babys in der Nacht ein normaler Überlebensinstinkt ist. Der kleine Magen muss immer wieder gefüllt werden, da das Neugeborene enorm viel Energie und Nährstoffe für sein Wachstum benötigt. Die nährstoffreiche und leicht verdauliche Muttermilch lässt sich eben nicht mit dem Sättigungsfaktor eines Schnitzels mit Pommes vergleichen.

Außerdem ist das Saugen an Mamas Brust für mein Töchterchen das Schönste und Beruhigendste der Welt: weich, warm und vertraut duftend.

Meine schattenumrandeten Augenringe wurden vom 24-Stunden-Baby-Alltag immer größer, doch bewusst nahmen das nur meine Eltern und Ralph wahr. Meine kinderlosen Freundinnen schnaubten und meinten ich übertreibe jawohl deutlich mit meinem Gejammer. „Was machst du denn den ganzen Tag? Fiona wird doch tagsüber auch mal schlafen, dann leg dich doch dazu“, war ein „sehr“ wertvoller Ratschlag, den ich bekam.

Als wäre ich nicht schon selbst darauf gekommen! Nur machte ich es einfach viel zu selten…

Natürlich versuchte ich zu ruhen, wenn Fiona schlief, aber Wäsche wäscht sich nun mal nicht von selbst, Stillhütchen und Schnuller kochen sich nicht von alleine aus, Mahlzeiten kochen sich nicht von selbst, Lebensmittel kaufen sich auch nicht von alleine ein und die Wohnung putzt sich nicht von selbst… Es war schwierig, die unerledigten Aufgaben auszublenden!

Ich versuchte alles so unkompliziert wie möglich zu arrangieren und telefonierte, wenn Fiona wach war, putzte Zähne, während sie sich in meinem Arm im Badezimmer umsah und nutzte ihre wachen Phasen schon gut für Alltägliches aus. Doch trotzdem blieb irgendwie kaum Zeit zum Schlafen, denn es gab so viele unerledigte Aufgaben. Irgendwann merkte ich, dass ich die Situation einfach hinnehmen musste und wälzte mich fortan nicht mehr in Selbstmitleid.

Mein einst selbstbestimmtes Leben ist erst einmal vorbei und ich akzeptiere mein Mich-Selbst-Zurücknehmen. Momentan ist mein Leben halt kein Wunschkonzert!

Solch ermutigende Durchhalteparolen inszenierte ich mir gedanklich und konzentrierte mich vielmehr auf die schönen Momente mit meiner zauberhaften Fiona. Denn diese wird man viel länger in Erinnerung behalten, wie ich von meiner Mama weiß (denn sonst hätte ich wohl kaum drei Geschwister).

Man wächst nun mal mit seinen Aufgaben!

Bewährte Tipps im Babyalltag

- Selbst erledigte Arbeiten selber wertschätzen und sich ruhig mal auf die Schulter klopfen!
- Schlafen ist ein elementares Grundbedürfnis der Mutter/ des Vaters. Also Schlafen, wenn das Baby schläft und sich der Müdigkeit hingeben, um wieder Kraft zu tanken (und dabei auch die

wichtigen Rahmenbedingungen schaffen, dass man auch mal das Telefon/ Handy ausschaltet)!

- Das Baby als Mittelpunkt betrachten und genießen (statt all die unerledigten Aufgaben im Visier zu haben).
- Runter mit der eigenen Erwartungshaltung sowie dem perfektionistischen Selbstbild. Eigene Ansprüche an die Sauberkeit herunterschrauben.
- Dem Säugling eine stabile, verlässliche und sichere Beziehung geben UND andere Bezugspersonen frühzeitig integrieren.
- *„Vor allem Müttern fällt es schwer, ihre Babys für mehr als zwei Stunden in andere Hände zu geben. Selbst wenn es die des eigenen Partners und Kindsvaters sind... Tun Sie es. Sie werden sehen, es wird alles klappen und es tut allen Beteiligten gut. Ihr Partner wird stolz sein, weil er es geschafft hat, sich ganz ohne Sie um das Baby zu kümmern, Ihr Kind bekommt einen selbstbewussteren Papa und eine erholte Mama und die Großeltern konnten helfen und haben dabei auch noch ihr liebes Enkelkind gesehen.“*[11]
- Im Hier und Jetzt leben und dankbar für das Baby sein!
- Eigene Gedanken/ Notizen:

____

____

____

Paar- und Elternzeit

(Fiona ist 2 Monate alt)

„Das Glück ist das einzige, was sich verdoppelt, wenn man es teilt."
Albert Schweizer (1875-1965)

Nun sind wir eine richtige Familie: Mama, Papa und Kind. Und Elternzeit ist (meistens) wunderschön. Doch es ist auch wunderschön die Verantwortung zumindest kurzzeitig abzugeben.

Den schlimmsten Ausnahmezustand (die ersten Wochen nach der Geburt) haben wir ja (hoffentlich) hinter uns. Doch manchmal möchten Ralph und ich einfach nur Mann und Frau sein und Paarzeit (damit meine ich jetzt nicht unbedingt Paarungszeit!) haben, also einfach mal ungestört ohne Baby etwas Zeit miteinander verbringen, in der wir uns auf unserer „altbekannten" Beziehungsebene treffen, denn da haben wir uns ja kennen und lieben gelernt.

Seit Fionas Geburt hatte es uns nur noch im Dreierpack gegeben- ich immer abrufbereit als Stillquelle.

Wir sehnten uns danach, dass unsere Liebe zueinander eben nicht nur durch unser Baby zum Ausdruck gebracht wird. Doch ich bin nicht dazu bereit, mein kleines Baby in fremde Hände abzugeben.

Also telefonierte ich mit meiner Mutter, die versprach in der nächsten Woche vorbeizukommen, sodass Ralph und ich dann mal an einem Abend, wenn ich denn etwas Milch abpumpen würde, ein paar Stunden als Paar verbringen könnten.

Hach, wäre das schön, wenn man da Regelmäßigkeit reinbringen könnte!

Aber ich stehe mir da selbst im Weg, weil ich Fiona keinem anderen anvertraue… Daher ist es für uns momentan leider nicht allzu oft realisierbar.

Informationen und bewährte Tipps für Paarzeit

- Die Sicherung der Paarbeziehung sichert auch langfristig eine stabile Familienbeziehung.
- Sich regelmäßig eine Auszeit als Paar nehmen, um auch Zeit miteinander zu verbringen, in der man nicht in der Elternrolle steht, denn regelmäßige Zeiten zusammen schweißen zusammen!
- Babysitter (und Putzhilfen) sorgen für mehr Freiräume fürs Paar.
- In Ratgebern liest man oft, dass man in der Paarzeit nicht über die Familie sprechen soll, aber alles andere erlaubt ist. Das machen wir nicht so. Gerade in kinderloser Ruhe reflektieren wir gerne über unsere Elternrollen.
- Sich gegenseitig liebevolle Gesten und kleine Aufmerksamkeiten im Alltag zeigen.
- Sich immer wieder an Besonderheiten im individuellen Umgang erinnern.
- Eigene Gedanken/ Notizen:

  ____

  ____

Informationen: Rituale

Marie hat von ihrer Mutter das Buch „Die schönsten Rituale für Kinder“ von Kunze und Salamander geschenkt bekommen und überlegt, welche Rituale es in ihrer Familie gegeben hat, als sie Kind war, und welche sie nun in ihre eigene Familie einführen möchte. So, wie eine gewisse Mama-Papa-Ausgehzeit ein Ritual als Paar ist, so schenken Rituale Kindern Gewohnheiten, Regelungen und feste Abläufe.

- Rituale unterliegen festen Regeln.
- Meist werden sie unüberlegt in die eigene Familie übernommen und zeigen im Laufe der Jahre, wie wertvoll sie eigentlich sind.
- Rituale strukturieren und managen den Alltag.[12]
- Sie bringen Ruhe ins Leben, da sie wichtige Orientierungs- und Ordnungsmarken sind, denn Rituale bleiben immer gleich.
- Rituale vermitteln Geborgenheit, da sie ein Gefühl von Zusammengehörigkeit schaffen.
- Sie mildern Sorgen und Ängste, da sie ein Stück Sicherheit in sich schnell verändernden Zeiten bieten.
- Rituale regeln Konflikte, da sie den Mittelweg zwischen Freiheit und Verpflichtungen zeigen.[13]
- Buchtipp: Kunze, Petra & Salamander, Catharina. Die schönsten Rituale für Kinder. München: Gräfe und Unzer, 2008

Haus- und Familienarbeit
(Fiona ist 3 Monate alt)

„Wir können den Wind nicht ändern,
aber die Segel anders setzen."
Aristoteles (384-322 v. Chr.)

Apropos Aufgaben.

Wie soeben beschrieben, erledigt man den ganzen Tag Aufgaben, findet doch kein Ende und geht oft unzufrieden ins Bett. Und das ganz ohne Mindestlohn und geregelte Arbeitszeiten.

Das schlechte Gewissen gibt's mit Baby gratis dazu, denke ich oft.

Doch für die unbezahlte Heimarbeit ist es mir unheimlich wichtig Wertschätzung und Anerkennung zu bekommen. Ich freue mich riesig, wenn der Uropa schon nach einem Kurzbesuch grinsend sagt „Uiii, die Fiona ist ja wirklich ein kleines Früchtchen, mit der hast du den ganzen Tag schön was zu tun", oder die Schwiegermama meint: „die hält einen ja echt auf Trab, Hut ab".

Und wenn Ralph vergisst mich zu loben/ wertzuschätzen, was leider viel zu oft vorkommt, fordere ich das (wenn ich genug Kraft dazu habe und mir das bewusst ist) ein. Ich berichte ihm dann haargenau, dass ich beispielsweise unser Bett extra frisch bezogen, die Küche gewischt und einen langen Spaziergang mit Fiona gemacht habe. Dann freue ich mich, wenn er mich anlächelt und lobt. Manchmal reicht auch einfach nur ein zustimmendes „Guuut". Zusätzlich lobe ich mich auch mal selber bewusst, wenn ich etwas erledigt habe. Doch ich muss gestehen, dass ein selbst erarbeiteter Gehaltszettel am Ende des Monats schon eine sehr angenehme Belohnung war…

Für ein faires Miteinander ist es Ralph und mir sehr wichtig, über aufkommende Probleme und empfundene Ungerechtigkeiten so schnell wie möglich zu sprechen. Zusammen haben wir uns erst einmal bewusst für das alte, traditionellere Rollenmodell entschieden, sodass ich in Fionas ersten drei Lebensjahren zu Hause bei ihr bleibe, sie behüte und beruflich zurückstecke. Viele Bekannte bezeichnen mich deswegen auch als Heimchen-Mama.

Ja, das genau bin ich auch! Und eine Gluckenmama noch dazu!

So trage ich die Hauptverantwortung für Haushalt und Kindererziehung und teile die zu erledigenden Aufgaben ein, wobei gewisse regelmäßige Haushaltstätigkeiten, wie Staubsaugen, Kochen und Hausflur Putzen eher in Ralphs Metier fallen.

Kommen wir gleich zum typischen Rechtfertigungsdruck, also warum ich das mache.

Ralph und ich erinnern uns gerne daran, dass unsere Mütter die ersten drei Lebensjahre bei uns zu Hause geblieben waren. Wir haben das alte Rollenbild verinnerlicht und heißen es auch gut: Ich habe mich absolut geborgen gefühlt. Es war einfach nur schön, dass meine Mutter beständig zu Hause für mich und meine Geschwister da war. Sie schmierte mir jeden Morgen aufs Neue Butterbrote, brachte mich zur musikalischen

Früherziehung, drückte mir bei Klaviervorspielen die Daumen, organisierte meine Kindergeburtstage und lehrte mich in meiner sozialen Kompetenz. Und so wollte auch ich für meine Tochter da sein (zumindest erst einmal in den ersten drei Lebensjahren) und ihr genau diese Nähe und Geborgenheit bieten.

„Die Rund-um-die Uhr-Verantwortung, die selbst Arbeitswütige unter den Berufstätigen in dieser Weise selten zuvor erlebt haben, nagt bei vielen jungen Eltern an den Nerven. Sie arbeiten nicht mehr strukturiert, sondern erziehen, und das heißt: Hausarbeiten werden äußerst praktisch in eng begrenzten Zeiträumen erledigt, gleichzeitig werden sie so angelegt, dass sie jederzeit unterbrochen und wiederaufgenommen werden können, ohne dass Panik ausbricht. Das lässt tagsüber Frust entstehen, wenn die Wohnung abends mindestens so unordentlich aussieht wie am Morgen. Nachts lösen Schlafstörungen die dringend benötigte Ruhe ab. Manager würden für so ein gewolltes Überlebenstraining viel Geld zahlen. Bei jungen Familien liegen bloß die Nerven blank." [14]

Was versteht man eigentlich genau unter Haus- und Familienarbeit? „Haus- und Familienarbeit bezeichnet häusliche und familienbezogene Arbeiten für sich selbst, für im Haushalt lebende Kinder und Angehörige einschließlich Partner bzw. Partnerin und ggf. für Dritte" [15], heißt es in Wikipedia. Dazu zählen zum Beispiel:

- Reinigung: Staubsaugen, fegen, Boden schrubben und Staub wischen; Ungeziefer und Schimmelpilze bekämpfen; Waschbecken, Toilette und Dusche/Badewanne reinigen, entkalken; Müll entsorgen; […]
- Lebensmittel und Mahlzeiten: den Einkauf planen (Wochenhaushaltsplan erstellen), Lebensmittel einkaufen und einlagern; Kochen, backen, braten, grillen, dünsten, Essen zubereiten, Speisen und Getränke auftischen, die Tafel herrichten; Geschirr und Besteck spülen (Abwaschen), Geschirrspülmaschine bedienen, abgetrocknetes Geschirr wegräumen; Vorratshaltung (auch für Notfälle), Dörren, Einwecken, Einkellern; Küchengeräte […] instand halten und entkalken; Haushaltsgeräte […] reinigen
- Textilien und Schuhe: Kleidung, Handtücher, Bett- und Tischwäsche und Gardinen waschen/reinigen und bügeln, gegebenenfalls reparieren […], zusammenlegen und wegräumen, Handtuch und Kleidung zurechtlegen, Betten beziehen beziehungsweise Betten machen, […] Kleidung kaufen;
- Ordnung: Räume aufräumen: unbrauchbare oder wertlose Gegenstände entfernen; […] Dinge in den einzelnen Räumen auf eine zweckmäßige und optisch ansprechende Art anordnen und die Wohnung schmücken; Glühlampen auswechseln, Batterien wechseln beziehungsweise Akkus aufladen, Hausapotheke führen;

- Heizung [...]
- Pflanzen: gießen, düngen, Blumenpflege

Manchmal wird noch Folgendes zur Hausarbeit gezählt:
- Haustiere und Garten pflegen, Regentonne reinigen, im Winter Schneeräumen und Salz, Asche oder Sand streuen;
- Instandhaltung, Wartung und Reparatur [...]
- Mithilfe bei Umzügen, renovieren, restaurieren, tapezieren.

Wenn man sich das mal so ansieht, ist das wirklich eine Menge, was es da zu tun gibt bei der Hausarbeit. Nun muss man sich das als Paar „ganz einfach“ fair aufteilen, was dann oft zu Streitigkeiten führt, wie ich es aus eigener Erfahrung und aus dem Freundeskreis kenne... Denn Frauen verbringen durchschnittlich 164 Minuten am Tag mit Putzen, Kochen oder Bügeln, wohingegen Männer das gerade einmal 90 Minuten[16] tun, ergaben die Recherchen des OECD (Organisation für wirtschaftliche Zusammenarbeit und Entwicklung). Das nur mal kurz am Rande zum Thema gerechte Rollenverteilung in der heutigen Zeit...

Neben der Hausarbeit gibt es die Familienarbeit. Hauptsächlich deswegen entscheidet sich ein Partner ja für die Elternzeit, um eben für das Baby/ Kind zu sorgen.

Was bedeutet Familienarbeit ganz genau? Laut Wikipedia zählt als Teilbereich der Familienarbeit die Kinderbetreuung und -erziehung mit der Säuglingspflege, der Arztwahl, der Begleitung zu Kindervorsorgeuntersuchungen, den Impfungen, der Schuleingangsuntersuchung, den zahnärztlichen Kontrolluntersuchungen sowie der Begleitung und Einwilligung von medizinischen Behandlungen.

Außerdem gehört es zur Familienarbeit, zu jedem Kind eine vertrauensvolle und einfühlsame Beziehung zu entwickeln, es in seinen Eigenheiten kennenzulernen und seine Vorlieben, Wünsche und Freunde zu kennen. Weitere Punkte, die genannt werden, sind: vor dem Schlafengehen vorzulesen, gemeinsam Aktivitäten zu machen, Mahlzeiten vorzubereiten, zu backen, Feste vorzubereiten und „je nach Alter und Selbständigkeit der Kinder Hilfe bei dem An- und Ausziehen zu bieten", und so weiter und so fort.

Die Liste ist lang, sehr lang und eigentlich weiß jeder, dass Familienarbeit kein Wellnessprogramm ist. Ich habe die Aufgaben der Heim- und Familienarbeit ganz bewusst mal aufgeschrieben, um einfach mal zu verdeutlichen, wie viel Arbeit das eigentlich zu Hause so ist, da viele Menschen diese Leistung nicht anerkennen.

Klopfen Sie sich doch ruhig mal auf die Schulter, was Sie da täglich leisten!

Gut gemeinte Ratschläge

(Fiona ist 3 Monate und 2 Wochen alt)

„Rat zu geben ist das dümmste Handwerk,
das einer treiben kann.
Rate sich jeder selbst und tue,
was er nicht lassen kann."
Johann Wolfgang von Goethe (1749-1832)

Zusätzlich zum Kinderwagen besorgte ich mir zwölf Wochen nach der Geburt ein Tragetuch und begeisterte auch Ralph davon.

„Affen, Koala Bären und Kängurus tragen ihren Nachwuchs auch ganz nah am Körper", war mein Kaufargument. Und auch mein Beckenboden war so weit wieder stabil.

Mit Tragetuch war ich mit Fiona stets mobil und sie konnte sich bei der Hausarbeit ganz nah an meinem Körper geborgen fühlen. Ich hatte das Tragetuch von meiner Hebamme empfohlen bekommen und muss sagen: Fiona schlummerte da selig und zufrieden drin. Leider war ich nur recht untrainiert und nach spätestens zwei Stunden machte mein Rücken langsam schlapp.

Wie kriegen das bloß die Afrikanerinnen den ganzen Tag mit ihren Babys und Kleinkindern hin???

Insgesamt war das Tuch jedoch eine lohnenswerte Anschaffung und erleichterte mir den Alltag ungemein.

Einmal waren wir wieder in der Stadt unterwegs, als eine ältere Frau mich plötzlich am Arm zog und sagte:

„Entschuldigen Sie, ich kann mir das nicht länger ansehen, hören Sie mir bitte zu!“

Ich war nun schon gespannt, was sie mir Wichtiges zu sagen hatte. Sie legte dann los.

„Wissen Sie eigentlich, was Sie ihrem Kind da antun? Sie dürfen ihr Kind nicht in so einem Tuch tragen! Sie können sich nicht vorstellen, was ich schon für Kinder gesehen habe! Ich habe früher als Krankenschwester gearbeitet und viele Kinder waren behindert, weil sie in sowas getragen wurden! Das möchte ich Ihnen nur mit auf den Weg geben.“

Sie klopfte mir auf die Schulter und ging weiter.

Ich war entsetzt, verunsichert und verärgert! Was für eine unverschämte Einmischung!

Wie konnte die Frau mir bloß so schnell ein schlechtes Gewissen einreden? Wie konnte ich überhaupt ein schlechtes Gewissen haben, da ich zuvor doch sogar wissenschaftlich recherchiert habe und mit erfahrenen Müttern und meiner Hebamme gesprochen habe!? Was erzählte die alte Frau für einen Quatschmüll!

Oder war das gar kein Quatsch?!?

Meine Illusion von Fionas Glückseligkeit im Tragetuch war für den restlichen Tag entzaubert... Doch nach einem aufbauenden Gespräch mit meiner Hebamme und einer guten Freundin war ich wieder stand- bzw. tragefest.

„Eltern sind schnell zu verunsichern, weil sie ihre Kinder lieben, deshalb besonders verletzlich sind und alles

gut und „richtig" machen wollen", schreibt Katharina Saalfrank.[17]
Ich schüttelte den wirklich dämlichen Ratschlag von der vor Urzeiten einmal aktiv gewesenen Kinderkrankenschwester weg und lief mit einer im Tragetuch zufrieden schlafenden Fiona weiter umher.

„Wenn Sie bewusste, sorgfältig durchdachte Entscheidungen treffen, können Sie diesen Weg selbstbewusst beschreiten" [18], meint Frau Pantley in ihrem Erziehungsratgeber. Und das bestärkt mich sehr!

Ich erinnere mich selbst an ein Erlebnis mit einer Mutter mit Sohn, bei dem ich kurz davor war mich einzumischen: Gerade war ich in einem Drogeriemarkt einkaufen, als ich beobachtete, wie ein etwa zweieinhalbjähriger Junge sich einen Schnuller aussuchen durfte. Er griff nach einem pinkfarbenen Schnuller, doch seine Mutter rief sofort „Nein, DEEEN nicht! Entweder den grünen, den gelben, den blauen, oder den orangenen Schnuller. Aber nicht den pinken! Das ist was für Mädchen", woraufhin der Junge in Tränen ausbrach und weiterhin nach dem pinken bettelte…

Ich war drauf und dran dem kleinen, weinenden Jungen zwei Euro in die Hand zu drücken, damit er sich den pinken Schnuller kaufen konnte. Aber der Mutter fehlte sicherlich nicht das Geld für diesen Schnuller.

Vielleicht hatte der Kleine zu Hause ja lauter pinke Schlafanzüge, rosa Spielzeug und Prinzessinenbettwäsche und die Mutter wollte, dass er sich endlich mal einen andersfarbigen aussucht!? Das klingt zwar sehr unwahrscheinlich, aber wer weiß…

Anhand des Schnuller-Einkaufbeispiels möchte ich nur klarmachen, dass ein Außenstehender sich nicht so schnell (und vor allem ohne Hintergrundwissen) in die Angelegenheiten von anderen Eltern einmischen sollte, denn das ist bei oberflächlichen Beobachtungen einfach grenzüberschreitend.

Man denke einfach mal an so „entspannte" Mütter, wie z.B. Megan Fox, deren Söhne Mädchenkleider und Zöpfe tragen dürfen. Ist das wirklich so schlimm??

Die genauen Umstände kennen wir auch da nicht, doch fällt es uns leicht darüber zu urteilen.

Bewährte Tipps beim Umgang mit gut gemeinten Ratschlägen

- Unsensible, lästige Ratschläge gehören leider zum Alltag. Einfach cool bleiben und wenn möglich gelassen kontern...
- Sollen andere doch klugscheißen! Die Entscheidungen treffen doch wir Eltern.
- Rechtfertigungen bringen nichts, außer man wird danach gefragt. Dann kann ich meine Gründe für meinen Erziehungsstil bzw. meine Entscheidungen nennen, muss es aber nicht.
- Wenn möglich einen hohen Bogen um Moralapostel machen (so flüchte ich immer vor einer älteren Frau beim Einkaufen, die mir in Gottes Namen Ratschläge und für Fiona ein Gotteslied singen möchte).
- Meine Sicherheit erlange ich wieder durch den Austausch mit meinem Mann, meiner Hebamme,

einem vertrauenswürdigen Kinderarzt, den eigenen Eltern, der Schwiegermutter, anderen betroffenen Müttern (zum Beispiel in Mutter-Kind-Gruppen) und mit Freunden.

- Natürlich ist so ein Einmischen nicht zu verallgemeinern. Gewaltszenen gehen gar nicht, da darf man natürlich nicht tatenlos zuschauen…
- Eigene Gedanken/ Notizen:

____

____

____

____

Das Haar und der Zeh
Erster unangemeldeter Besuch beim Kinderarzt
(Fiona ist 4 Monate alt)

"Kinder müssen mit Erwachsenen sehr viel Nachsicht haben."
Antoine de Saint-Exupéry (1900-1944)

Quälend war die Nacht gewesen. Quälend, ermüdend und anstrengend für Fiona und für mich.

Zwischen Stillmahlzeit Nummer fünf und sechs in der Nacht guckte ich mal wieder in die Windel, die jedoch nicht des Wechselns bedürftig war. Diese Nacht wurde zum Tag, nur das es vorerst trotzdem dunkel blieb. Hin und her hat sich mein Töchterchen im Bett gedreht, stündlich hat sie aus der Brust getrunken, stündlich habe ich in ihre Windel geschaut und stündlich hat sie weitergejammert und gewimmert.

Mein Baby ist mein Gradmesser und zeigt mir, dass etwas nicht stimmt, war mein innerliches Mantra, das ich mir immer wieder vorsagte, um nicht verrückt zu werden. Nur habe ich einfach nicht gewusst, wie ich ihr helfen kann. Hilflos habe ich mal wieder die Abwesenheit meines Mannes verflucht, der so weit entfernt arbeiten musste.

Morgens um halb acht platzte mir dann der Kragen und ich rief meine Mama an, die ich mit meinem frühen Anruf weckte.

„Ich weiß einfach nicht mehr weiter mit ihr", jammerte ich.

„Baden macht kleine Babys müde", riet mir Oma Biene.

Also wollte ich Fiona so zur Ruhe kommen lassen. Ich zog ihr die Socken aus und … stutzte. Mir leuchteten zwei blutrot geschwollene Zehen entgegen.

Was um alles in der Welt…? fragte ich mich, als mein Adrenalinlevel emporschoss. Ich erblickte eine Schnur, nein, ein oder mehrere Haare, wohl meine Haare, die sich um die soeben beschriebenen Zehen gewickelt haben und die Blutzufuhr stark einschränkten.

Asche über mein Haupt, ich hatte meiner Tochter durch ein herausgefallenes Haar von mir fast zwei Zehen abgequetscht!

Voller Aufregung packte ich Fiona, lief ins Badezimmer und holte eine Fingernagelschere. Mit zittrigen Fingern, doch trotzdem auf instinktive Art und Weise ruhig, schnitt ich vorsichtig die Haare durch. Ich hoffte, die beiden eingequetschten Zehen platzten vor Bluteinschuss, doch ich konnte keinen Unterschied zu vorher erkennen.

Würden die Zehen trotzdem abfallen, war es schon zu spät? Oh Gott, du hast deine Tochter gequält, wie einen Hund, dem ein straffes Gummiband um den Schwanz gewickelt wurde, damit er abfällt, dachte ich und erinnerte mich an die Schauermärchen, die man so hört...

Kurzerhand zog ich Fiona das Nötigste wieder an, streifte mir Pulli und Jeans über meinen Schlafanzug und fuhr mit quietschenden Reifen zum Kinderarzt. Dieser hatte gerade geöffnet.

„Es geht um Leben und Tod, meine Tochter hat ein Haar um die Zehen“, rief ich den Sprechstundenhilfen entgegen.

„Einen Moment bitte, der Kinderarzt kommt gleich zu Ihnen“, sagten sie ruhig und besonnen.

Neun lange Minuten musste ich warten, bis der Kinderarzt endlich kam und sich die Zehen mit einer Lupe in aller Seelenruhe genau ansah.

„Das Haar ist ja schon ab“, sagte der Kinderarzt lapidar.

„Kann ich irgendwas für meine Tochter tun, irgendeine Salbe, irgendwas?“, fragte ich.

Der Kinderarzt schüttelte den Kopf. „Das kann mal vorkommen, das Haar-Tourniquet-Syndrom. Gut, dass Sie das noch rechtzeitig bemerkt haben. Im schlimmsten Fall hätten die beiden Zehen amputiert werden müssen“.

Wow! Oh mein Gott.

Zum Glück machte der Arzt mir keine Vorwürfe, sondern sagte, dass so etwas hin und wieder vorkommen würde, was mein schlechtes Gewissen in diesem Moment zumindest ein wenig beruhigte.

Wieder zu Hause stellte ich fest, dass Fiona zufrieden eingeschlummert war. Und dies blieb sie auch für die nächsten drei Stunden. Euphorisch, dass noch alles gut gegangen war, küsste ich zärtlich ihre beiden Füßchen und versprach von nun an täglich besser auf diese zu achten.

Bewährte Tipps bei Notfällen

- Erst einmal tief durchatmen bei Panik und Aufregung. Ihre Ruhe und Sicherheit überträgt sich auf ihr Kind!
- Genauso wichtig, wie es ist, dem Kind in lebensbedrohlichen Situationen (Kind atmet zum Beispiel nicht richtig oder ist nicht bei Bewusstsein) zu helfen, sollte Hilfe verständigt werden.
- *„Um im Notfall nicht lange suchen zu müssen, halten Sie am besten direkt beim Telefon die wichtigsten Telefonnummern bereit: Rettungsdienst/ Notarzt, Feuerwehr, Polizei, Vergiftungszentralen [...] des kinderärztlichen Notdienstes und die Notrufnummer des nächstgelegenen Krankenhauses.“*[19]
- Einen kühlen Kopf bewahren und im Zweifelfall die 112 anrufen!
- Falls lieber Sie ihr Kind ins Krankenhaus fahren wollen: *„Ihr Kind sollte in einem stabilen Zustand sein, falls Sie es selbst zum Arzt oder in die Kinderklinik bringen wollen. Bedenken Sie, dass Sie sich während der Fahrt nicht um ihr Kind kümmern können“* [20], sondern sich auf den Verkehr konzentrieren müssen.
- Bei Bewusstlosigkeit Atmung überprüfen. Jede Lage ist besser, als auf dem Rücken zu liegen und zu ersticken. Also das Kind auf den Bauch, oder noch besser, in die stabile Seitenlage legen, denn dann kann Erbrochenes abfließen.

- Bei Elektrounfall das Kind mit nichtleitenden Gegenständen von der Stromquelle wegschieben, Atmung kontrollieren. Bei Atmung in die stabile Seitenlage bringen, ansonsten Wiederbelebung und Notruf alarmieren.
- Bei Nasenbluten den Nacken kühlen, die Nasenflügel zusammendrücken und warten bis die Blutung stoppt.
- Starke Blutungen an Kopf, Armen und Beinen durch einen Druckverband direkt an der Wunde stillen und anschließend das Krankenhaus aufsuchen bzw. auf den Rettungsdienst warten.
- Bei Vergiftungen wendet man sich an eine Vergiftungszentrale zur Beurteilung der Vergiftung und Anleitung für entsprechende Erste-Hilfe-Maßnahmen.
- Bei Verschlucken von Fremdkörpern: Den Oberkörper des Kindes nach unten neigen (das Kind zum Beispiel „übers Knie legen“) und ihm mehrfach mit der flachen Hand zwischen die Schulterblätter klopfen.
- Buchtipp: Von Ribbeck, Janko. Schnelle Hilfe für Kinder. Kösel-Verlag, 2017
- Eigene Gedanken/ Notizen:

  ____

  ____

  ____

  ____

Premiere: Beikoststart
(Fiona ist 4 Monate und 2 Wochen alt)

*„Man soll dem Leib etwas Gutes bieten,
damit die Seele Lust hat, darin zu wohnen."*
Winston Churchill (1874-1965)

Aus unserem zarten Baby ist nun ein wahrer Wonneproppen geworden, der voller Neugier die ganze Welt betrachtet. Fiona zeigt seit einiger Zeit großes Interesse am Essen und beobachtet meine Gabel ganz genau, wenn ich sie in meinen Mund schiebe.

Hin und hergerissen, ob ich sie nicht lieber doch voll weiterstillen soll, entschied ich mich dazu, das Breizeitalter nun zu starten.

Ja, ich gebs zu, ich kann einfach nicht mehr warten...

Abends am Telefon berichtete ich Ralph von meinen Beobachtungen, dass Fiona so interessiert am Essen sei und fragte ihn, ob ich Fionas erste Mahlzeit ohne ihn starten darf.

Erfreulicherweise war er einverstanden und ich hatte ein weiteres Highlight auf der Wochenagenda: Raubtierfütterung!

Wird Fiona ihren Mund öffnen?
Und wird es ihr schmecken?
Wird sie Spaß daran haben?
Wird sie ein guter Esser werden?

Dies waren Fragen zu einem hoffentlich stressfreien Essensstart. Nun musste ich mir nur noch darüber klarwerden, ob ich Fiona nach dem Baby-led Weaning

Ansatz (bei dem das Baby selbst entscheidet, wann, wie, was und wie viel (weichgekochtes) Fingerfood es isst) füttere, oder ihr ganz typisch püriertes Essen anbiete. Da mir die Baby-led Weaning Methode zu kompliziert erschien und ich mir große Sorgen darüber machte, dass Fiona etwas verschlucken könnte und nicht ausreichend Nährstoffe erhalten würde, entschied ich mich für die traditionelle Breivariante, mit der auch ich das Essen als Baby kennengelernt habe.

Nun musste ich mich noch entscheiden, ob ich den Brei selber kochen werde, oder Babygläschen kaufe... Meine Schwiegermutter hatte schon ein paar Mal angedeutet, dass das Selberkochen sicherlich gesünder für Fiona sei, doch ich konnte mich dazu nicht durchringen und dachte da einfach praktischer.

Alleinerziehend, wie ich unter der Woche war, fütterte ich Fiona ganz typisch ihren ersten Möhrenbrei im Gläschenformat. Um nicht ganz und gar ein schlechtes Gewissen zu haben, war es ein Bio-Gläschen einer bekannten Marke, da konnte ich doch nichts Falsches machen...

Den ganzen Morgen über war ich schon aufgeregt und versuchte den richtigen Moment zu finden: Fiona durfte nicht zu hungrig, aber auch nicht zu satt, nicht zu müde, aber auch nicht zu aufgedreht sein, so hatte ich zuvor in einem Babyratgeber gelesen.

Voller Enthusiasmus setzte ich Fiona in ihre Babywippe, erwärmte das Gläschen im Flaschenwärmer und rührte und rührte... und rührte und rührte (aus Platzgründen haben wir nämlich keine Mikrowelle), bis der

Möhrenbrei endlich lauwarm war. Neugierig beobachtete Fiona, wie ich das Gläschen erwärmte. Ich stellte die Babywippe so hoch wie möglich, sodass Fiona ihr erstes Essen nicht liegend essen musste. Vorsichtig löffelte ich etwas Brei auf den Plastiklöffel und führte ihn zu Fionas Mund, wo er aber als Erstes von ihren Händen abgefangen wurde, womit ich nicht gerechnet hatte. Sie dachte, es wäre Spielzeug und matschte den Löffel versehentlich zu Boden.

Oh, so habe ich mir das nicht vorgestellt.

Beim nächsten Versuch hielt ich mit einer Hand Fionas Hände fest und führte den Löffel wieder zu ihrem Mund, den sie aber kopfschüttelnd zur Seite bewegte. Da mittlerweile aber ein bisschen Brei an ihrem Mundwinkel klebte, schmeckte sie hochkonzentriert, was das da wohl ist. Saugend, spuckend und schluckend zugleich forderte sie dann doch den Löffelinhalt ein und verzog nach kurzer Zeit prüfend das Gesicht. Mindestens die Hälfte des Löffelinhalts kam schmatzend wieder raus.

Vorsichtig wischte ich die Breireste auf den Löffel und bot ihr wieder etwas an. Schmatzend kostete Fiona abermals, doch jammerte dann und zeigte, dass sie nicht weitergefüttert werden möchte.

Ich hatte erwartet, dass das besser klappen würde und Fiona voller Begeisterung gleich das ganze Glas futtert! Vielleicht war das doch noch nicht der richtige Zeitpunkt? Oder es schmeckt ihr einfach nicht? Oder vielleicht ist das erst immer so?

Vorsichtig hob ich Fiona aus der Wippe, wusch mit einem Waschlappen ihren Mund, legte sie auf eine Decke und machte mich dann daran, die Breireste zu beseitigen.

Ein paar Tage später, als Ralph wieder da war, bot er ihr eine weich gekochte Kartoffel an, die er ihr hinhielt, sodass sie daran lutschen konnte. Ganz gierig war sie danach.

Bedürfnisorientiert gab es von nun an Fingerfood und Brei.

Gute Voraussetzungen für den Beikoststart

- Das Baby kann beim (abgestützten) Sitzen den Hals und Kopf problemlos aufrecht halten, als Voraussetzung, dass es feste Nahrung schlucken kann.
- Der Zungenstreckreflex, der festere Nahrung sofort wieder aus dem Mund schiebt, ist weitestgehend verlernt worden und die Bereitschaft zum Kauen ist vorhanden.
- Das Kleine zeigt Interesse am Essen der Erwachsenen und steckt sich zum Beispiel nachahmend die Hände in den Mund.
- Eigene Gedanken/ Notizen:

  ____

  ____

  ____

  ____

Geburtstagsfeier mit Fremdeln
(Fiona ist 5 Monate alt)

„Mit einer Kindheit voller Liebe
kann man ein halbes Leben hindurch
die kalte Welt aushalten."
Jean Paul (1763-1825)

Einmal waren wir bei Freunden zu einer Geburtstagsfeier eingeladen, bei der Fiona erst fünf Monate alt war. Nach einer Begrüßung mit den Gastgebern, kam ein Partygast nach dem anderen auf mich zu, um mich und unsere Tochter, die ich im Arm hielt, herzlich zu begrüßen. Mein Mann Ralph widmete sich gleich der Feierlichkeit und war bereits aus Sichtweite verschwunden.

„Hey, du bist aber ein hübsches Baby", sagte eine etwa 50jährige mir unbekannte Frau, während ihr Ehemann begann Fionas Wange zu streicheln.

Einen Schritt nach dem anderen trat ich vorsichtig zurück, während das Ehepaar uns folgte. Rücklings stand ich mittlerweile an der Wand und merkte in die Enge getrieben, dass Fiona, die inzwischen leicht wimmerte, der innige Kontakt mit den anderen Gästen gar nicht guttat. Freundlich versuchte ich zu erklären, dass sie momentan ein Problem mit Fremden hat und dass Fremdeln in dem Alter normal sei. Ich nahm Fiona so in den Arm, dass sie die Wand anschauen konnte, um sie zumindest vor den fremden Gesichtern zu schützen.

„Du brauchst dich doch vor mir nicht zu fürchten, Kleine! Ich habe selber zwei Kinder“, sagte der Ehemann an Fiona gewandt und versuchte weiterhin in ihre Sichtweite zu kommen. Fiona weinte inzwischen und mir wurde es wirklich zu bunt. Ich war nun rot angelaufen, quetschte mich einfach an den beiden vorbei, ohne ein weiteres Wort zu sagen, da ich merkte, dass irgendein Erklären keinen Sinn haben würde und begab mich in ein leeres Zimmer. Dort versuchte ich Fiona zu beruhigen, die inzwischen lauthals schrie. Irgendwann kam Ralph dann dazu.

„Ist alles in Ordnung bei euch?“, fragte Ralph.

„Nein, ist es nicht“, motzte ich verärgert.

Ralph hob beschwichtigend die Hände und verzog sich lieber wieder.

„Fiona, ist ja gut, ich hätte besser auf dich aufpassen müssen“, sagte ich entschuldigend zu ihr und stillte sie, was sie wieder beruhigte.

In der Realität kam es auch zu großen Emotionen meinerseits. Dies war nämlich nur die gekürzte, beschönigte Version der Geschichte. Im Folgenden, lieber stichpunktartig, was sonst noch so ablief auf der Party:

1. Im leeren Zimmer heulte ich hemmungslos zusammen mit Fiona und ärgerte mich über das verständnislose Ehepaar, das selber Kinder hat und trotzdem überhaupt nicht empathisch mir und Fiona gegenüber war.
2. Ich ärgerte mich über Ralph, der auf der Party sofort verschwunden war und uns im Stich ließ.

3. Und ich ärgerte mich über mich selber und meine hochgekochten Emotionen, die sich wahrscheinlich auch auf Fiona übertragen haben.
4. Ich ärgerte mich über weitere Gäste, die mir später noch das Stillen ausreden wollten („So kann das Kind ja nie auf andere Menschen zugehen, wenn es nur an deinem Busen hängt!", oder „Es braucht in dem Alter aber auch mal etwas Vernünftiges zu essen!").
5. Nachdem sowohl Fiona, als auch ich wieder beruhigt aus dem Zimmer kamen, war das Essen alle.
6. Und Ralph hatte mir nichts aufgehoben.
7. Vorzeitiges Ende der Feier: Ich ging beleidigt, enttäuscht und wütend mit einem kleinlauten Ralph wieder nach Hause.

Bewährte Tipps im Umgang mit äußerem Druck

- Babys/ kleine Kinder brauchen fürsorgliche Eltern, die achtsam auf ihre emotionalen und physischen Bedürfnisse (Schlaf- und Trinkmahlzeiten, Wärme, Körperkontakt, Geborgenheit, Sicherheit, Zuwendung, ...) eingehen und in Beziehung mit ihrem Baby bleiben.
- *„Der äußere Druck der Gesellschaft ist gar nicht das vorherrschende Problem, nein, es ist der innere anerzogene Druck, „gut" zu sein, um geliebt zu werden. Er lässt uns in solchen Situationen so nervös werden. Leider ist es sehr schwierig, sich in stressigen Situationen davon*

zu lösen, weil uns das Streben nach positiver äußerer Beurteilung so stark einprogrammiert wurde.“ [21] -Also immer den Schutz des Babys/ Kindes als Priorität im Sinne haben und nicht die erwarteten gesellschaftlichen Normen und Werte „fremder“ Menschen.

- Durch dieses Erlebnis lernte ich schon recht früh, dass man sein Baby vor Mitmenschen, die sich oft gar nichts dabei denken, wenn sie „dumme“ Fragen stellen („Wieso stillst du denn überhaupt? Flaschennahrung ist doch viel praktischer!?“), oder Ansprüche an das Baby erheben („Oh Fiona, komm her zu mir!“), schützen muss: An erster Stelle ist es wichtig auf die Gefühle des Neugeborenen/ Kindes zu achten und man sollte nicht lang begründen, warum man etwas tut (denn es bringt eh nichts), sondern einfach mutig sagen: „Vor dem Anfassen bitte Hände waschen“, „Halte bitte Abstand, das Baby fremdelt gerade“, oder „Nicht anfassen, das mag ich nicht“.
- Und zum Thema Stillen habe ich Folgendes gelernt: Fragt mich mal wieder jemand, wie lange ich denn noch vorhabe mein Baby zu stillen, so antworte ich: „Spätestens, wenn es Auto fahren lernt, hören wir auf“ und lächle. Mit Humor lassen sich viele angespannte Situationen entschärfen. Ich bin niemandem eine Antwort schuldig, außer meinem Baby, meinem Mann und mir.

- Nur so nebenbei erwähnt: Im Weltmaßstab wird durchschnittlich zweieinhalb Jahre lang gestillt. So drückt die geringe Stillrate und Stilldauer unseres deutschen Kulturkreises den Weltdurchschnitt ganz schön runter, was…
- Eigene Gedanken/ Notizen:

  ____

  ____

  ____

  ____

Mein aufkommender Kinderwunsch

(Irgendwann vor Fionas Geburt)

„Zu viel Liebe kann niemals
ein Kind verwöhnen.
Kinder werden erst dann verwöhnt,
wenn wir Präsenz durch Präsente ersetzen."
Antony Witham

Mein Lebensplan sah vor, das Leben vollkommen zu genießen. Ich wollte mich auf mich konzentrieren, auf meine berufliche Ausbildung und auf ein Leben zusammen mit Ralph, mit dem ich gerne die Welt bereiste. Diesen eigenständigen und partnerschaftlichen Lebensstil genoss ich total.

Während ich studierte, hatte ich einfach überhaupt kein Bedürfnis ein Baby zu behüten. Und auch nicht in meinen ersten beruflichen Jahren als Psychologin. Zumindest war das so, bis ich mal wieder meine Freundin Karin (dreifache Naturtalent Mama) besuchte. Damals war ich 27 Jahre alt. Karin hatte ihre Schwester zu Besuch, die ihr Neugeborenes dabeihatte. Es war gerade fünf Wochen alt. Wie ein Magnet zog es mich (wohl aus hormonellen Gründen) an und ich betrachtete es näher. Das Baby war ein wunderschönes, rosiges Geschöpf mit so zarter Haut, großen blauen Kulleraugen, dicken Ärmchen und Beinchen. Und es gluckste zufrieden vor sich hin. Bisher hatten mich Babys gar nicht beeindruckt, aber dieses plötzlich schon…

Überraschend drückte mir Karins Schwester ihren Nachwuchs in den Arm und machte sich einen Kaffee. Ich wusste gar nicht so genau, wie ich es halten sollte, doch es schien sich wohl zu fühlen. Nun konnte ich es ganz nah betrachten: Es faszinierte mich sehr und ... plötzlich kam ein Schwall weißer, teils schaumiger Flüssigkeit aus seinem Mund: Das Baby hatte mich vollgekotzt! Doch das Schlimme war, dass es mich gar nicht störte!

Mein Shirt, meine Jeans und der Teppich hatten ganz schön was abbekommen, aber mir war das egal. In dem Moment begriff ich noch nicht, dass meine passive Reaktion und diese Sekunden mit dem Baby auf dem Arm sehr beunruhigende Auswirkungen für den Rest meines Lebens haben sollten...

In den nächsten Wochen und Monaten musste ich immer wieder an das kleine Würmchen denken. Ich traute mich erst gar nicht Ralph von meiner Babybesessenheit zu erzählen, mit dem ich bis dato vier Jahre zusammen war. Denn bis dahin hatte ich großschnäuzig gesagt, dass ich vorerst keine Kinder möchte. Und falls wir Kinder bekämen, sollte er sie betreuen, das stand für mich fest. Ich konnte doch die kraftvolle Investition meiner Ausbildung schlecht links liegen lassen! Doch da hatte ich die emotionale Seite dieser Entscheidung unterschätzt...

Schon während der Schwangerschaft musste ich immer wieder daran denken, dass es vielleicht doch besser wäre, wenn ich die Betreuung des Babys übernehmen würde!???

Ungefähr zur selben Zeit hatte ich bei meiner Arbeit in der Klinik einen 79-jährigen Patienten, der Witwer war, zu einem psychologischen Gespräch in meinem Büro. Verbittert und voll tiefster Traurigkeit erzählte er mir vom plötzlichen Tod seiner Ehefrau und der völligen Einsamkeit, die ihn danach überkam. Der Mann berichtete, dass er nun niemanden mehr in seinem Leben habe. Niemanden! Er hatte keine eigenen Kinder, keine Eltern und Ehefrau mehr, keine Cousins, einfach niemanden. Und damit hatte er sein familiäres Zugehörigkeitsgefühl verloren und fühlte sich nicht mehr wertvoll... Das berührte mich wirklich tief und war im Nachhinein betrachtet wahrscheinlich ein weiterer Grund für die zukünftige Familienplanung, denn später möchte ich niemals so einsam werden.

Im Frühling hielt ich dann voller Glückseligkeit einen positiven Schwangerschaftstest in der Hand und wurde dann mit 30 Jahren Mutter.

Frustrationstoleranz
(Fiona ist 6 Monate alt)

„Mutterglück, das ist das,
was eine Mutter empfindet,
wenn die Kinder abends im Bett sind."
Robert Lembke (1913-1989)

Seitdem wir eine Tochter haben, neigen Ralph und ich dazu, uns die Dinge schönzureden. Ein Beispiel: Fiona ist ein Kind, das sich einfach nicht alleine beschäftigen kann. Immerzu brauchte sie jemanden um sich herum, der sich um sie kümmert.

„Das ist doch toll, dann wird sie später nie alleine sein und keine Einsamkeit kennen", versuchte Ralph am Samstag mal wieder schönzureden.

Wir stellten fest, dass unsere Wohnung noch kindersicherer gemacht werden musste, da Fiona äußerstes Interesse für die Steckdosen zeigte und wir noch nicht alle gesichert hatten.

„Nicht schon wieder zu Ikea", jammerte Ralph.

„Hey, dann brauchen wir doch heute Abend nicht zu kochen", versuchte ich ihn zu überzeugen.

„Buuuuuuh, und Fiona hat schon wieder in die Windel gekackt", rief er, da Fiona nun das sechste Mal in die Windel gemacht hat (und es war erst 16 Uhr am Nachmittag).

„Gut, dann macht sie hoffentlich nicht mehr in der Nacht", meinte ich.

Den Samstagabend verbrachten wir im Ikea, wo wir Steckdosensicherungen und ein paar weitere „Kleinigkeiten“ kauften und „genossen“ das Kantinenessen mit einer übermüdeten Fiona, die auf dem Rückweg im Auto dann endlich einschlief.

Ein Kind zu haben ist wunderschön, wirklich. Aber eben nicht immer.

Heute ist Montag, ich bin während der Woche wieder alleinerziehend und möchte unbedingt mal wieder zum Yoga. Zum Yoga gehen zu können, wäre auch mal wieder toll, also nehme ich Fiona heute mit, das dürfte jawohl kein Problem werden. Einfach mal wieder bewusst „yogern“, dem hektischen Alltag ohne Waschmaschine, die befüllt, oder Geschirrspüler, der ausgeräumt werden muss, für kurze Zeit entfliehen, während Fiona hoffentlich schläft, erträumte ich mir.

Daher nahm ich mein Töchterchen mit zum Yogakurs, der jedoch ohne Kinder ist. Zehn andere Frauen, im Durchschnitt etwa 50 Jahre alt, lagen im Raum herum und blickten mich überrascht und mit großen Augen an, als ich mit Kinderwagen, Yogadecke, Krabbeldecke, Wickeltasche und jeder Menge Spielzeug eintrat. Ich stellte mich kurz vor und sagte, dass ich so gerne mal wieder Yoga machen würde, meine Tochter jedoch schlecht alleine zu Hause lassen könnte.

„Macht sie nur ‚Pieps‘, dann bin ich gleich mit ihr weg“, erklärte ich und legte Fiona auf die ausgebreitete Krabbeldecke zum unzähligen Spielzeug, wo sie gleich „Mamamama, Papapa“, brabbelte. Dies wollte ich nicht gleich als „Pieps“ gelten lassen.

Eigentlich hatte ich den Tag so organisiert, dass sie nun schlafen müsste, aber das war nicht abzusehen. Voller Tatendrang und guter Laune legte ich mich bereit fürs Yoga auf meine Decke, die direkt neben der Krabbeldecke meiner Tochter lag. Fiona fand es jedoch ziemlich langweilig auf ihrem Platz, ließ ihr Spielzeug unangetastet liegen, und krabbelte stattdessen zu mir.

Immer noch in guter Hoffnung verfrachtete ich Fiona auf meine Knie und versuchte die Übungen mit ihr, bzw. auf mir, durchzuführen. Aber das gefiel ihr leider auch nicht. Fiona fand es einfach nur langweilig, doof und jammerte. Enttäuscht packte ich dann nach nur acht Minuten meine Sachen wieder ein. Die zuvor telefonisch involvierte Yogalehrerin blickte mich mitfühlend an und zwinkerte mir zu.

Man, ich hatte mich doch so auf meine Yogastunde gefreut!

Ich hätte mir die Situation gerne schöngeredet, aber in dem Moment fiel mir einfach nichts ein.

Wieder zu Hause ging ich zur Toilette und Fiona krabbelte sofort hinter mir her. War ich am Duschen, lugte sie unterm Vorhang durch, als ob sie Angst hätte, ich würde nackt davon sprinten und sie alleine lassen.

Fiona, das kann doch so nicht ewig mit uns weitergehen, dachte ich frustriert. *Man, das ist echt verflucht anstrengend! Wie kann ein Baby so viel Zuwendung und Aufmerksamkeit verlangen!?*

Beim abendlichen Telefonat mit Ralph jammerte ich, dass ich einfach keine Zeit mehr für mich habe und dass mein altes Leben auf Eis gelegt war.

„Maus, keiner hat gesagt, dass es einfach ist, Kinder zu haben. Aber das ist doch wieder nur eine Phase und die geht vorbei“, meinte er. „Freitagabend bin ich auch wieder da. Dann kannst du machen, was du willst, ja?“

Freundschaften

(Fiona ist 7 Monate alt)

„Das Schönste an einer Freundschaft ist nicht die ausgestreckte Hand, das freundliche Lächeln oder der menschliche Kontakt, sondern das erhebende Gefühl, jemanden zu haben, der an einen glaubt und einem sein Vertrauen schenkt.“
Ralph Waldo Emerson (1803-1882)

Mit Hingabe und Begeisterung lebe ich mein Mutterdasein, wirklich. Aber es gibt auch Abende, an denen ich mir andere Zeiten zurückwünsche und mir meine ständige Verfügbarkeit, wie die eines 24-Stunden Supermarktes, auf die Nerven geht.

Manchmal möchte ich einfach nur meine Batterien aufladen und wünsche mich dann in meine Studienzeiten zurück, in denen ich mit meinen beiden besten Studienfreundinnen bis tief in die Nacht lachte, lernte und paukte.

Ein Leben als Studentin, Tochter und Freundin ohne unbegrenzte Öffnungszeiten (ich sage da nur Stillen) und Verpflichtungen war auch wunderschön, nur habe ich das viel zu selten bewusst genossen, stelle ich im Nachhinein fest. Was war es doch einst einfach (!), ohne jeglichen Organisationsaufwand ins Kino gehen zu können und sich mit Freundinnen zum Essen einen Cocktail zu gönnen. Ganz ohne Baby.

Eben konnte ich meine Freiheit noch genießen und nun fühle ich mich immer wieder fremdbestimmt.
Nun müssen die Treffen, die einst so spontan möglich waren, gut geplant sein.

Um die Freundschaften zu pflegen, oder welche aufzubauen, gehören auch kinderfreie Abend dazu. Nur fällt mir das nicht immer leicht, mir Freiraum zu schaffen bzw. mir das selbst zu gönnen.

Heute habe ich mich in dem Buch „Muttergefühle, Gesamtausgabe" von Rike Drust bemerkenswert genau wiedererkannt. Die Textstelle hätte auch von mir sein können, nur, dass ich es nicht so treffsicher hätte formulieren können:

„In diesen Momenten träume ich mich in mein altes Leben zurück [..]. Weil ich mich wegträume, anstatt einfach mal meine Bedürfnisse zu äußern und Forderungen zu stellen. Das Kind hat zwar mich und die Begleitumstände verändert, aber das heißt ja nicht automatisch, dass nichts mehr geht. Der Mann macht mir das regelmäßig vor, wie einfach das ist: Er teilt mir mit, dass er etwas unternehmen möchte, wir gucken, ob das zeitlich geht, und dann macht er es eben. Wenn ich etwas unternehmen möchte, denke ich: "Hm. Diese Woche? Schlecht. Das Kind hatte so Augenringe heute, es wird morgen bestimmt krank, und wenn der Mann dann länger arbeiten muss, müsste ich die Verabredung eh absagen. Da lasse ich es doch lieber gleich. Überhaupt, es ist so gemein, dass der Mann machen kann, was er will, weil ich ja immer da bin und auf alle Rücksicht

nehme, und wenn ich mal was machen will, dann geht es wieder nicht. Mein Leben ist scheiße." Gemerkt? Innerhalb von nicht mal einer Minute habe ich ein Bedürfnis verspürt, mir selbst den Verzicht auferlegt, um sofort anderen beleidigt die Schuld daran zu geben, dass ich immer verzichte." [22]

Vor zwei Jahren habe ich meine Heimat verlassen und bin für ein Zusammensein mit meinem Mann von NRW nach Bayern, äh Franken, „ausgewandert". Tja, und nun glänzte Ralph mit beruflicher Abwesenheit während der Woche. Häufig fehl(t)en mir meine Geschwister, Eltern und Freunde und ich musste mich sehr bemühen, neue Freundinnen zu finden.

Der Spruch „Aus den Augen, aus dem Sinn" stimmt zwar nicht völlig, doch ist ein Telefonat nun einmal nicht so intensiv, wie ein face-to-face Treffen. Mit Baby sehne ich mich zusätzlich auch nach Freundschaften, die ähnliches erleben, also auch ein Baby haben. Leider habe ich in meinem Bekanntenkreis bisher nur eine Freundin mit Baby und die wohnt so weit weg.

Zurzeit erlebe ich verschiedene Freundschaften, die stelle ich nun folgend einmal vor:

- Ich habe kinderlose Freundinnen, die nicht genau verstehen, warum ich unbedingt ein Baby wollte. Denn sie lieben ihren Beruf, ihre finanzielle Unabhängigkeit und ihre persönlichen Bedürfnisse. Sie fragen oft verständnislos, was ich denn den ganzen Tag mache und wo meine „Perspektivlosigkeit" des Mutterdaseins denn wohl mal hinführen wird. Da ich doch eh den ganzen Tag zu Hause bin, soll ich vor gemeinsamen Treffen einen Tisch im Restaurant reservieren. Und wenn wir dann zusammen etwas unternehmen, kümmern sie sich rührend um meine Tochter und schenken wundervoll durchdachte Babygeschenke. Mittlerweile liebe ich die ehrlichen und distanzierten Elternratschläge, die mir am Anfang jedoch nicht unbedingt mehr Sicherheit in meiner Mutterrolle gaben.

- Dann habe ich kinderlose Freundinnen, die gerne ein Baby haben würden, was für sie aber zum jetzigen Zeitpunkt beruflich noch nicht passt. Sie möchten ihrem zukünftigen Baby finanziell etwas bieten und auch auf der Karriereleiter noch weiter hinauf. Vielleicht können sie aber auch kein Baby bekommen, das weiß ich nicht genau.
- Weiterhin habe ich gleichgesinnte Freundinnen (Schicksalsschwestern, manchmal auch einfach nur Zweckgemeinschaften) mit Kindern, mit denen man ganz einfach gemeinsame Interessen und Sorgen hat. Die würde man gerne viel öfter treffen, jedoch ist dann ein Baby krank, man ist zu erschöpft, oder ganz einfach zu unmotiviert den Weg zur Freundin auf sich zu nehmen (eben wegen Müdigkeit, Zeitmangel, Organisationsproblemen, oder der Sehnsucht auch einmal Zeit für sich alleine zu haben). Wenn man es dann mal hinkriegt sich zu sehen, tut es verdammt gut über die Alltäglichkeiten des Mama-Seins zu plaudern

und einfach mal zu jammern, aber es kann auch nerven, wenn nur über Baby-Stuhlgang geredet wird.

- Dann gibt es die Gruppe an Freunden, die meine Geschwister sind und sich meiner Tochter aus vollem Herzen zuwenden, nur leider wohnen wir alle sehr weit voneinander entfernt. Zu allen habe ich vollkommenes Vertrauen und würde sie gerne viel öfter sehen.
- Weiterhin gibt es ehemalige Freundinnen, die ich an dieser Stelle auch noch kurz erwähnen möchte, die einem die Freundschaft kündigen (zum Beispiel, weil sie selber zwei männliche Kinder hat und es nicht ertragen konnte, dass ich ein Mädchen bekommen habe, was sie sich immer gewünscht hat).

Seitdem ich ein Baby habe, bin ich viel toleranter. Zuvor war ich oft verständnislos(er) gegenüber Eltern mit Babys. Ich habe gedacht, dass es doch nicht so schwer sein kann, ein Baby zu beruhigen, wenn es schreit, für ein Kind zu sorgen, den Haushalt zu schmeißen und Freunde zu haben. Aber, ich musste feststellen, dass es absolut herausfordernd ist! Nun merke ich mal wieder, dass man erst selbst die Erfahrungen machen muss, um richtig urteilen zu können/ dürfen.

In den ersten sechs Monaten mit Baby habe ich gelernt, dass ich noch viel toleranter gegenüber kinderlosen Frauen (und Freundinnen) sein muss, denn nur, weil es bei uns mit dem Kind-Kriegen geklappt hat, heißt es noch lange nicht, dass es auch bei anderen klappt... Außerdem habe ich meine kinderlosen Freunde darauf hingewiesen, dass sie uns gerne besuchen kommen können, wenn sie Lust auf eine Überdosis Baby haben. So wissen sie auch, was sie erwartet...

Nachdem ich Fiona einmal auf dem Wohnzimmerteppich einer kinderlosen Freundin gewickelt habe, kommt sie nun lieber zu mir.

Übrigens ziehen wir gerade von einer gemütlichen Kurstadt in eine Großstadt: Würzburg!

Ich freue mich riesig, denn von nun an habe ich endlich die Möglichkeit zahlreiche Mutter-Kind-Kurse zu besuchen! Und nun werde ich auch auf andere Mütter zu gehen und hoffentlich schnell Freundschaften knüpfen...

Bewährte Freundschaftstipps

- Sich unbedingt auch mal kinderfrei treffen!
- Freundschaften muss man aktiv pflegen, sich füreinander Zeit nehmen und sich gegenseitigen Respekt für die individuelle Lebenssituation entgegenbringen, denn Wertschätzung und Anerkennung will jeder.
- Über kleine Fehler hinwegsehen und da sein, wenn man gebraucht wird.
- Die Freundin mit ihren Macken so akzeptieren, wie sie ist. Aber immer Bescheid sagen, wenn man (von ihr) emotional getroffen wird/ ist.

- Akzeptieren, dass es Phasen gibt, in der man sich nicht so oft sieht. Dafür dann einfach mal wieder zum Telefon greifen und von sich hören lassen.
- Selbstverständlich sollten wichtige Tage, wie etwa Geburtstage, nicht vergessen werden.
- Zuhören und seelische Unterstützung geben, sind obligatorische freundschaftliche Dienste.
- Eigene Gedanken/ Notizen:

  ____

  ____

  ____

  ____

Der Familiencheck
(Fiona ist 8 Monate alt)

„Denke nicht so oft an das, was dir fehlt,
sondern an das, was du hast."
Marc Aurel (121-180 n. Chr.)

Ich finde es eine super Idee, immer mal wieder zusammen mit Ralph über unsere Elternrolle zu reflektieren, damit wir uns bewusst machen, wo wir gerade stehen und hinwollen.

Doris Heueck-Mauß schlägt in ihrem Buch „Das Trotzkopfalter" [23] vor, zusammen mit dem Partner und älteren Kindern monatlich einen Familiencheck (S. 164) zu machen und sich folgende Fragen zu stellen:

- *Fühle ich mich jetzt in meiner Familie wohl und sicher?*
- *Wie geht es mir in meiner Erzieherrolle?*
- *Wie geht es mir augenblicklich persönlich, bin ich entspannt oder eher überlastet?*
- *Wie geht es mir mit meinem Partner? Verstehen wir uns gut und sind uns in Erziehungsfragen einig? Oder streiten wir zu viel und warum?*
- *Wie geht es meinem Kind/ meinen Kindern? Machen sie einen zufriedenen Eindruck? Oder sind sie eher auffällig durch störende Verhaltensweisen?*
- *Wenn es zurzeit Probleme gibt, was sind die Auslöser, die Ursachen? Welchen Zusammenhang können wir erkennen?*

- *Was können wir als Familie verändern?*
- *Was kann jeder dazu beitragen?*

Das bitte jedoch nicht nur zum Kritisieren nutzen, sondern auch zur Bestärkung des Partners!

Äußerst wichtig ist es auch, das Leben nicht mit zu vielen Reflexionsprozessen, Gedanken und Sorgen zu belasten, sondern einfach nur mal den Moment, das kleine Baby und sich selbst zu genießen...

- Eigene Gedanken/ Notizen:

  ____

  ____

  ____

  ____

Beruf und Kind

(Fiona ist 9 Monate alt)

"Geboren wird nicht nur das Kind durch die Mutter, sondern auch die Mutter durch das Kind."
Gertrud von le Fort (1876-1971)

Für uns war es gerade in den ersten beiden Lebensjahren sehr wichtig, dass möglichst immer eine Bezugsperson für Fiona erreichbar war. Nach Möglichkeit wollte ich Fiona lange stillen, daher war eine räumliche Trennung kaum möglich, bis auf ein paar stündliche Spazierausflüge mit den Großeltern.

Über das gegenseitige Abhängigsein mit Fiona, muss ich zugeben, war ich insgeheim auch meistens sehr froh: Ich genoss es ganz einfach Priorität meiner Tochter zu sein und bedingungslose Liebe von ihr zu bekommen. Außerdem konnte mir so niemand mein Kind „entführen". Doch gleichzeitig war diese enge Verbundenheit manchmal auch belastend, einengend und anstrengend, wie ich es an einigen Stellen bereits beschrieben habe.

Zusätzlich war da auf einmal auch die finanzielle Abhängigkeit vom Mann. Bevor wir Nachwuchs bekamen, verdiente ich sogar mehr. Trotzdem entschieden wir uns dafür, dass weiterhin er auf die Arbeit ging, und ich zu Hause blieb.

„Deutschland kann es sich insbesondere nicht mehr leisten, auf die Arbeitskraft sehr gut ausgebildeter Frauen

zu verzichten. Rund die Hälfte der erwerbstätigen Frauen in Deutschland ist lediglich teilzeitbeschäftigt, und das zu einer im EU-Vergleich sehr geringen Wochenstundenzahl. Ziel muss daher sein, Frauen verstärkt in vollzeitnahe Beschäftigung zu integrieren und längere Erwerbsunterbrechungen zu vermeiden. Das würde [...] dazu beitragen, dass Frauen bei der Karriere und den Verdienstmöglichkeiten mit den Männern gleichziehen. Wer weniger arbeitet, erwirbt auch weniger berufliche Erfahrung und Fachkenntnisse und hat damit schlechtere Karriere- und Verdienstchancen und am Ende weniger Rente im Alter.“ [24]

Ja prima. Liest man den Text des Arbeitgeberverbandes, fühle ich mich als Frau trotz Kinder angestachelt nach der Geburt des Babys schnell wieder arbeiten zu gehen in meine Vollzeitstelle. Was der Arbeitgeberverband jedoch nicht berücksichtig, sind zum einen die Wünsche der Kinder und zum anderen die Hormone und Wünsche der Mutter.

Nach ein paar innigen Monaten Elternzeit kann man das Baby täglich doch schlecht von einem Tag auf den anderen für neun Stunden täglich in eine Fremdbetreuung geben? Es haben sich starke emotionale Bindungen gebildet, die auch weiterhin aufgebaut werden wollen. Und „lediglich teilzeitbeschäftigt“ ist übrigens auch eine nette, wertschätzende Formulierung...

Ich finde es absolut löblich, wenn Mütter den berühmten Spagat zwischen Beruf und Familienarbeit wagen und dann auch noch aufblühen!

Aus meinem Bekanntenkreis weiß ich jedoch, dass dieses Modell für alle Familienmitglieder stressig ist.

Die Ergebnisse einer Studie des DIW Berlin (Deutsches Institut für Wirtschaftsforschung e. V.) über die Einkommensentwicklung von Müttern im Vergleich zu kinderlosen Frauen in Deutschland zeigen, dass Mütter, die ihre Erwerbsarbeit höchstens für zwölf Monate unterbrechen, für ein Jahr 0,9% weniger verdienen, als kinderlose Frauen, was sich nach einem Jahr jedoch wieder ausgleicht.

Ich weiß noch, wie ich eine Bekannte, die ich in einem Mutter-Kind-Kurs kennengelernt hatte, gefragt habe, wie lange sie denn noch Elternzeit hat. Bissig meinte sie:

„Es kann nicht Jede, wie du, drei Jahre Elternzeit haben. Wir brauchen beide Gehälter, um über die Runden zu kommen".

Ihr Sohn ging dann mit zehn Monaten von 7 bis 17 Uhr in die Krippe.

Wow! Der Kommentar hat gesessen und mich damals tief getroffen. Richtig, wir verzichteten auf mein Einkommen und dies ganz bewusst. Aber dafür wohnen wir noch immer in unserer Wohnung, während die Bekannte mittlerweile ein Haus gebaut hat. Da haben nämlich wir Abstriche gemacht…

Die Wahl der richtigen KiTa. Bewährte Tipps und Informationen

- Sich eine Einrichtung/ Betreuung des Vertrauens suchen und dabei aufs Bauchgefühl hören.

- KiTa ist übrigens die Abkürzung für Kindertagesstätte, welche die Einrichtungen Kinderkrippe, Kindergarten und Schulhort umfasst. Eine KiTa wird von Kindern unter 3 Jahren besucht, ein Kindergarten von Kindern zwischen 3 bis 6 Jahren und ein Schulhort von Grundschulkindern, die vor oder nach der Schule in die Betreuungseinrichtung kommen.
- Ab dem ersten Lebensjahr haben Kinder Anspruch auf einen Krippenplatz.
- Sobald Vertrag unterschrieben und Kind angemeldet ist, übernimmt der Träger die Aufsichtspflicht für die Dauer des gebuchten Aufenthaltes in der Einrichtung.
- Der Betreuungsschlüssel, also wie viele Kinder ein Erzieher betreut, ist in den einzelnen Bundesländern festgelegt. Der empfohlene Betreuungsschlüssel für Kinder unter drei Jahren liegt bei drei Kindern pro pädagogische Fachkraft.
- Stand 2017: Nur 5,2% der Beschäftigten in der Kindertagesbetreuung sind männlich.[25]
- Insgesamt nutzten rund 763 000 Kinder unter drei Jahren in Deutschland zum 1. März 2017 eine Kindertagesbetreuung.[26]
- Die Elternbeiträge sind regional vom Träger unterschiedlich hoch.
- Eigene Gedanken/ Notizen:

  ____

  ____

Vereinbarkeit von Beruf und Kind

(Fiona ist 9 Monate alt)

„Das Glück deines Lebens hängt von der Beschaffenheit deiner Gedanken ab."
Marc Aurel (121-180 n. Chr.)

Wurde jemals von uns Frauen so viel verlangt, wie heute???

Um neben der Heim- und Familienarbeit auch etwas für mich zu tun, absolvierte ich in Fionas erstem Lebensjahr eine 24-tägige Coachingfortbildung. Mir war es wichtig, meine Tochter dorthin mitzunehmen. Also musste auch mein ganzes Familiensystem mit.

Ralph nahm sich frei, wann er konnte, doch, wenn er verhindert war, kam mein Vater mit. So entwickelte sich schon frühzeitig eine enge Opa-Enkeltochterbeziehung, was wirklich sehr praktisch ist.

Während ich im Seminarraum war, wurde Fiona nebenan im Hotelzimmer behütet und stundenlang unter freiem Himmel spazieren gefahren. Wenn Fiona (regelmäßig) der Hunger überkam, wurde ich sogleich angerufen und eilte (wie eine Irre) zu meiner hungrigen Tochter.

Ich habe mich dann oft als Melkmaschine für eine schnelle Druckbetankung empfunden. Manchmal war es auch wie ein Liebesentzug- nur mal schnell zu stillen, jedoch keine Zeit zum Kuscheln zu haben, denn ich wollte vom Lehrstoff und von den Übungsphasen nichts verpassen. Doch wenn man es in Zahlen genau betrachtet, war das auch „nur“ an 24 von 365 Tagen im Jahr. Ich bin sehr froh und dankbar, dass ich diese Zeit für die Fortbildung nutzen und es mit meinem Familiensystem und Baby vereinbaren konnte, aber trotzdem war es auch sehr stressig, aufwendig und teuer.

Wenn man Familie und Karriere vereinbaren will, wie es heute von unserer Leistungsgesellschaft gefordert wird, muss man ganz schön investieren und auf viele Dinge verzichten.

Keine KiTa/ Fremdbetreuung bis Fiona in den Kindergarten kommt
(Fiona ist 10 Monate alt)

„Wenn Du möchtest,
dass deine Kinder sich gut entwickeln,
dann widme ihnen doppelt so viel Zeit
und halb so viel Geld."
Abigail Van Buren (1918-2013)

Ralph und mir war klar, dass wir unsere Tochter so lange wie möglich zu Hause betreuen wollen und nicht in eine Kindertageseinrichtung unter Fremdbetreuung abgeben würden.

„Beim Thema Fremdbetreuung vor dem dritten Lebensjahr kommt es nicht nur unter Experten zu hitzigen Debatten. Auch auf Spielplätzen, in Krabbelgruppen oder unter befreundeten Müttern wird leidenschaftlich diskutiert. Dabei sind die Standpunkte oft nachvollziehbar. Wahrscheinlich, weil sie alle recht haben." [27]

Mit frühestens zweieinhalb Jahren soll Fiona dann in den Kindergarten gehen und bis dahin hauptsächlich von mir als erste Bezugsperson betreut werden.

Die Gründe dafür sind folgende: Fiona soll ein gutes Urvertrauen in die Welt entwickeln, sich angenommen und geborgen fühlen und erleben, dass ihre Bedürfnisse zuverlässig wahrgenommen und befriedigt werden. Unserer Meinung und auch Erfahrung nach kann dies am besten in der gewohnten Umgebung mit einer stetigen Bezugsperson in einem familiären Rahmen geschehen.

Ich selber kam mit vier Jahren in den Kindergarten und ich kann mich noch gut an den ersten Trennungsschmerz erinnern, als meine Mama wegging...

Mein Plan war es, während Fionas Mittagsschlaf, in den drei Jahren meiner Elternzeit zu promovieren, Fachrichtung Psychologie. Schließlich bemerkte ich, dass die Vorstellung eine angenehme, doch keine erfolgsversprechende war. Mittags war ich oft selbst zu erschöpft, kümmerte mich um den Haushalt und kam einfach nicht bedeutsam zum Arbeiten. Ein weiterer Grund, der uns Richtung KiTa bewog, war, dass wir ein weiteres Kind bekommen wollten *(äh, nach dem letzten Satz klingt das schon ein wenig komisch, dass wir gleich noch ein Kind wollen, aber sorry! So sind nun einmal Hormone!).*
Uns war wichtig, dass Fiona schon Monate in der Krippe eingewöhnt sein sollte, bevor das Geschwisterchen kam, damit sie sich nicht abgeschoben fühlen musste. Da meine Eltern 420 km entfernt wohnen und die andere Oma in Vollzeit arbeitet, ist keine intensive Betreuung durch die Großfamilie möglich.

Ich beschwerte mich, dass so eine rundum Betreuung, verbunden mit Ralphs beruflicher Abwesenheit während der Woche, für mich einfach sehr anstrengend sei und wünschte mir ein wenig Zeit für mich und meine Promotion.

So überlegten wir, ob wir Fiona nicht doch für zwei, drei Stunden am Tag betreuen lassen könnten. Somit kamen vielerlei Betreuungsarten ins Spiel. Doch die für uns stimmigste Betreuungsart war eine nahegelegene Kindertagesstätte. Dort gibt es pädagogisch (hoffentlich gut) ausgebildetes Fachpersonal, andere Spielkameraden (wenn man bei den Kleinkindinteraktionen von Kameradschaft sprechen kann) sowie eine kindgerechte Umgebung mit großem Angebot an Spielmaterialien und Bewegungsmöglichkeiten (wenn die KiTa denn qualitativ gut aufgestellt ist).

Nun mussten wir nur noch unsere grundsätzlichen Gedanken zum Thema Betreuung in den ersten beiden Lebensjahren ändern. Und das taten wir auch.

„In den Diskussionen um das Für und Wider von Kindertagesstätten oder der Betreuung durch die Mutter geht es in diesem Zusammenhang oft heftig, aber dennoch oberflächlich zu. Aus entwicklungspsychologischer Sicht ist es wichtig, dass das Kleinkind genügend Erwachsene um sich herum hat, die ihm seine innere Welt organisieren. Die Kleinkinder können sich diese Orientierung nicht gegenseitig geben, weil sie jedem kleinen Kind naturgemäß noch fehlt. Natürlich lernen die Kinder dennoch das eine oder andere voneinander und sie regen sich gegenseitig an. Besonders gut ist es, wenn bereits ältere Kinder mit den Kleinkindern zusammen sein können. „Kinder brauchen Kinder“, sagen die Befürworter der Kindertagesstätten oft. Ja, unbestritten. Sie brauchen andere Kinder, aber gleichzeitig vor allem genügend Erwachsene. Denn sie sind darauf angewiesen, dass Erwachsene sie anschauen, ihre Gefühle spiegeln und sie beruhigen. Die Erwachsenen sind die

Landkarte, nach der sich die Kinder richten können, und sie sind diejenigen, die die Kleinsten darin unterstützen, ihr Gehirn auszubilden.“ [28]

Kurz vor Fionas erstem Lebensjahr meldete ich meine Tochter nach unzähligen Gedanken, unserem gemeinsamen Entschluss und viel bürokratischem Aufwand auf die Warteliste für einen KiTa-Platz an. Als Anmeldezeitpunkt gab ich an „ab Sommer oder ab sofort“. Ich dachte, dass würde die Chancen auf einen KiTa-Platz erhöhen und im nächsten Sommer wäre Fiona dann etwa ein Jahr und sieben Monate alt.

Schon ein paar Tage später rief uns erfreulicherweise die nächstgelegene Krippe an (die sogar einen sehr guten Ruf hat) und teilte uns mit, dass ab sofort ein Platz frei sei. *Ab sofort,* dachte ich erschrocken und schluckte.

Fiona ist 10 Monate alt...

Ich war völlig überrascht und überfordert.

Das kommt nicht in Frage, schrillte es als Nächstes in meinem Kopf.

Zusammen mit Ralph beschloss ich uns die Kinderkrippe trotzdem einfach mal näher anzuschauen.

Gut, dass wir das taten... Schon beim Betreten, wären wir am liebsten rücklings wieder rausgegangen.

„Wir haben Läuse“, prangerte ein Schild vor der Tür und schien uns gleich testen zu wollen. Ralph und ich schauten uns mit großen Augen an, schluckten und traten dennoch ein. Fiona wurde sehr freundlich begrüßt, doch die Erzieherinnen waren ihr nicht geheuer. Sie fremdelte gerade.

Ausgiebig wurde uns die ganze Einrichtung gezeigt. Beim Betrachten des dunkel erscheinenden Gruppenraumes fiel uns auf, dass es keinerlei Kuscheltiere, Decken, Zelte, Kuschelecken oder überhaupt irgendein Stoffteil gab. Klar, es waren ja Läuse da (gewesen). Beklommenheit und Enge überkam mich. Auf den ersten Blick wirkte die KiTa steril, wie ein Krankenhaus, und hart - es gab Holz und zwar jede Menge davon: einen Holzfußboden, Holzstühle, Holztische, Holzschränke, Holzregale, Holzkisten und ein Kastanienbad, anstelle eines Bällchenbads. Ich stellte mir sofort vor, wie unwohl Fiona sich wohl so ganz ohne Stoff fühlen würde, dass sie die Kastanien verschlucken und sich in dem harten Kastanienbad verletzen könnte.

Nach etwa einer Stunde, in der es mir von Sekunde zu Sekunde immer schlechter ging, und unzählig von uns gestellten Fragen, setzte die Chefin der Einrichtung uns unter Druck:

„Bis morgen können Sie sich überlegen, ob Fiona unsere Einrichtung besuchen möchte, ansonsten vergeben wir den Platz anderweitig“.

Wir verabschiedeten uns und traten den Rückweg an. In dem Moment waren wir uns absolut einig, Fiona nicht anzumelden. Tausend Begründungen fielen uns ein, warum:

- Fiona sollte doch besser noch mehr Zeit mit ihrer Mama verbringen.
- Fiona war einfach noch zu klein.
- Fiona konnte sich noch zu wenig artikulieren.

- Und Fiona sollte bitte bloß nicht in eine solch verlauste, lieblos gestaltete Einrichtung.

Am nächsten Morgen bedankte ich mich noch einmal telefonisch sehr freundlich bei der Leiterin der Kinderkrippe und sagte den Platz ab.

Verdammt, dann muss meine Karriere halt noch ein paar Monate ruhen. Oder besser ein paar Jahre...?

Mögliche Fragen an die KiTa-Einrichtung

- Wer ist Träger der Einrichtung?
- Nach welchem pädagogischen Konzept wird in der KiTa gearbeitet?
- Wie viele Erzieher betreuen eine Gruppe?
- Und wie viele Kinder sind in einer Gruppe?
- Welche Berufsausbildung haben die Erzieher?
- Wie sind die Öffnungszeiten?
- Welche Aktivitäten werden den Kindern angeboten?
- Gibt es Rückzugsmöglichkeiten? Gibt es draußen einen Kinder**garten**? Gehen die Kinder täglich draußen spielen?
- Wie sieht ein typischer Tagesablauf aus?
- Wer bereitet das Mittagessen zu und was wird angeboten? Welche Mahlzeiten bringt das Kind von zu Hause aus mit?
- Welche Möglichkeiten der Elternbeteiligung gibt es?
- Wie läuft die Eingewöhnungsphase ab?
- Eigene Notizen:

Babysitter gesucht! Tinta gefunden
(Fiona ist 11 Monate alt)

„Es sind die Begegnungen mit Menschen, die das Leben lebenswert machen."
Guy de Maupassant (1850-1893)

An manchen Tagen fühlte ich mich sehr einsam, obwohl Fiona ja immer an meiner Seite war. Aber ich konnte einfach nie etwas ohne sie machen, was mich sehr frustrierte und auch zu gewisser Einsamkeit führte. Etwa zeitgleich spielte ich mit dem Gedanken, Fiona in der KiTa betreuen zu lassen und sprach dann nach reichlicher Überlegung eine ältere Dame in unserem Haus an, ob sie sich vielleicht vorstellen könnte, ab und zu auf mein Töchterchen aufzupassen. Sie war mir aufgefallen, weil sie eine sehr nette Ausstrahlung hatte und immer freundlich zu uns war.

Nachdem wir vor drei Monaten nach Würzburg umgezogen waren, hatte ich den Wunsch jemandem vertrauen zu können und jemanden Fiona anzuvertrauen, um eben auch mal eine halbe Stunde alleine verbringen zu können... Die ältere Dame gab an, in ihrer Entscheidung sehr unsicher zu sein und berichtete, keine Enkelkinder zu haben.

„Die Erziehung meines Sohnes ist schon sehr lange her und ich war selber berufstätig!".

Das machte mir nichts aus, irgendwie war da ein intuitives Gefühl, ein Vertrauen in diese Frau, das nicht so richtig zu beschreiben ist.

Wir würden die Unterstützung ihrerseits gerne bezahlen, wenn ich mich im Gegenzug mal in Ruhe duschen, an meiner Dissertation arbeiten und weitere Dinge erledigen könnte.

Gleich am nächsten Tag kam sie runter (sie wohnt zwei Wohnungen über uns) zu einer Tasse Tee und betrachtete Fiona sehr liebevoll und aufmerksam. Fiona zeigte sich auch interessiert, war aber zugleich auch ein wenig scheu, da sie noch in der Phase des Fremdelns war und meine Sichtweite brauchte. So beschlossen wir alle erst einmal zusammen ein Spiel zu spielen und zu plaudern.

- *Würde Fiona ihr vertrauen können und sie als Bezugsperson akzeptieren?*
- *Kann sich die ältere Frau auf Fiona einlassen?*
- *Werden die beiden sich wohl mal sehr mögen?*

Das ist nun Monate her und mittlerweile ist „Tinta", übrigens ein Mix aus Christine, Tante und Oma, fester Bestandteil unserer Familie geworden. Beinahe täglich verbringt sie Zeit mit Fiona und hat sie adoptiert, wie ein eigenes Enkelkind. Und auch Fiona liebt sie abgöttisch. Jeden Tag, wenn wir in unserer Wohnung sind, bettelt sie „Tinta, hoch, Fia hoch!", denn dort wird intensiv gespielt.

Tinta schenkt ihr nämlich etwas ganz Besonderes: intensive Betreuungszeit ohne zwischendurch zu telefonieren, aufs Handy zu schauen, staubzusaugen, oder sonst was. Sie konzentriert sich völlig auf Fiona und lässt sich auf das ein, was Fiona gerne spielen möchte. Das ist richtige Qualitätszeit pur...

Ich kann mir keine schönere Betreuung für Fiona wünschen. Tinta möchte keine Bezahlung für das Aufpassen von Fiona, sondern dafür ihre Freiheit behalten, was bedeutet, dass es im Normalfall keine festen Termine gibt und die Betreuungszeitfenster für Fiona nicht zu lang sind. Das ist absolut in Ordnung für uns, wir freuen uns riesig solch ein Glück zu haben, dass Fiona so toll, voller Zuwendung und Aufmerksamkeit betreut wird. Und auch für mich ist Tinta eine absolute Bereicherung für unsere Familie: eine gute Freundin, ein bisschen Mama und Oma zugleich, der ich Fiona gerne anvertraue.

Gut, dass ich auf meine Intuition gehört und Tinta gefragt habe!

Bewährte Tipps bei der Auswahl eines Babysitters

- Den Mut haben, den/die ins Auge gefasste(n) (zukünftigen) Babysitter, Leihoma oder Leihopa anzusprechen, einzuladen und sie/ ihn besser kennenzulernen. Ein erster gemeinsamer Kaffeeklatsch zeigt gleich, ob die Sympathie stimmt!
    - Wie ist der erste Eindruck?
    - Macht der Babysitter einen kompetenten und lieben Eindruck?
    - Zeigt der Babysitter echtes Interesse am Kind?
    - Wie empfindet das Kind?

- Bei der Entscheidung aufs Bauchgefühl achten und nur jemanden auswählen, bei dem man auch ein gutes Gefühl hat.
- Babysitter und Kind sollten schon eine vertraute Beziehung haben, bevor man sie (vor allem abends/ nachts) alleine lässt.
- Eigene Gedanken/ Notizen:

  ____

  ____

  ____

  ____

Abstillen

(Fiona ist nun fast 1 Jahr alt)

„Nichts ist ewig,
weder in der Natur noch im Menschenleben.
Ewig ist nur der Wechsel, die Veränderung."
August Bebel (1840-1913)

Gestern, ein Tag vor Fionas erstem Geburtstag, hat mein Töchterchen zum letzten Mal aus meiner Brust getrunken. In den letzten Wochen habe ich mir immer wieder Gedanken gemacht, wann wohl der richtige Zeitpunkt zum Abstillen ist. Und nun habe ich entschlossen, dass nun Schluss ist mit dem Stillen, denn ich wünsche mir so sehr ein paar Stunden mehr schlafen zu können, als nur 2 1/2 am Stück...

Ich finde den Gedanken mein Baby nie wieder zu stillen befreiend, aber gleichzeitig auch sehr schmerzhaft. Es waren doch immer so innige Momente zwischen uns, die kein anderer ersetzen konnte... Eben diese Abhängigkeit habe ich oftmals sehr genossen, doch nun überwiegt meine tagtägliche Müdigkeit und der Wunsch, dass es nachts nun ruhiger wird im Schlafzimmer. Nun trinke ich fleißig Salbeitee statt Stilltee...

In den letzten Wochen haben Ralph und ich Fiona immer mal wieder etwas angerührte Säuglingsmilch angeboten, was sie aber total doof und ungenießbar fand. Es war sehr anstrengend und ich kam mir schlecht und böse vor, weil ich das Stillen immer weiter rausgezögert und Fiona immer mal wieder die Brust verwehrt habe und ihr stattdessen ein Fläschchen angeboten habe.

Aber mittlerweile ist Fiona auf den Geschmack gekommen (ja, wie beschrieben, war es nicht unbedingt freiwillig) und saugt nun nachts eifrig am Fläschchen. Was bleibt ihr auch anderes übrig!?

Bewährte Tipps fürs Abstillen

- Beim natürlichen Abstillen einen Zeitraum von 6-8 Wochen einplanen.
- Salbei- und Pfefferminztee reduziert die Milchproduktion.
- Schmerzende Brüste mit Quarkwickel kühlen.
- Beim sanften Abstillen nach dem sechsten Monat bildet sich die mütterliche Milchproduktion zurück, sodass die Abstände zwischen den Stillmahlzeiten von alleine immer größer werden.
- Maximal eine Stillmahlzeit pro Woche durch eine Flaschenmahlzeit/ Beikost ersetzen, sodass die Häufigkeit des Stillens abnimmt. Dieses in liebevoller Umgebung und ohne Störung anbieten.
- Dem Kind nur die Brust anbieten, wenn es danach verlangt, ihm diese aber auch wenn möglich nicht verwehren.
- Ihm beim Abstillprozess eine Weile nicht die nackte Brust zeigen, um es nicht zu „verführen“.
- Eigene Gedanken/ Notizen:

Der erste Geburtstag
(Fiona ist nun genau 1 Jahr alt)

"Mann, war das anstrengend, denken wir nach den ersten zwölf Monaten und sind so stolz auf uns, als hätten wir das Elternsein erfunden, als wäre es nicht das Normalste und Natürlichste von der Welt. Sind wir die neuen Weicheier? Warum sind wir so dermaßen erschöpft, warum jammern wir so viel in der ersten Zeit mit unseren Kindern, viel mehr, als unsere Eltern es getan haben? Warum haben wir so viele Bücher über Erziehung gelesen, so viele Jugendpsychologen befragt und wissen trotzdem so wenig? Ganz einfach, die heutigen Eltern sind die Abkömmlinge der Achtundsechziger, die „Gnade der späten Geburt"-Generation, die unverdient Glückseligen nämlich, die in eine goldene Zeit hineingeboren wurden. Kein Krieg, kein Hunger, keine Wirtschaftskrisen. Das Leben war gut zu ihnen. Sie waren glückliche Kinder und jetzt erwarten sie, genauso glücklich Eltern zu werden." [29]

Eva Gerberding und Evelyn Holst

Ich muss zugeben, dass ich absolut befreit bin. Wir haben ein erstes wunderschönes, aber auch anstrengendes Lebensjahr mit Fiona verbracht und freuen uns auf viele, viele weitere. Aus unserem Baby ist nun ein Kleinkind geworden. Ganz bewusst atme ich tief aus und bin froh, das Thema „plötzlicher Kindstod" abhaken zu können. Es gab wundervolle Momente, schöne und traurige Erlebnisse, Herausforderungen und wir sind so dankbar, dass es unsere Tochter gibt, so wie sie ist! Und hoffentlich bieten sich bald mal wieder Zeitfenster für elterlichen Spontansex am Sonntagmorgen…

Nicht umsonst ist die Trennungsrate unter Eltern im ersten Lebensjahr durch das Gefühlschaos stark erhöht. Doch kommen wir zurück zu Fionas Ehrentag.

Diesen haben wir heute zusammen mit den Großeltern und Ralphs Urgroßeltern gefeiert. Da meine Schwiegermutter Oma Eva gerne backt, habe ich bei ihr eine leckere Sahnetorte bestellt, so brauchte ich nur ein paar zuckerfreie Bananenmuffins zu backen.

Gleich bei der Einladung hatte ich dazu gesagt, dass alle zum Kuchen eingeladen sind, ein paar Stunden bleiben können und es danach aber kein gemeinsames Abendessen gibt, da Fiona danach wieder Ruhe braucht, um runterzukommen. Das war auch gut so. Zwar blieb mein schlechtes Gewissen bei den deutlichen Worten nicht aus, aber ich kann meine Tochter am besten einschätzen.

Fiona war so übermütig, dass sie nach dem Geschenkeauspacken (oder soll ich lieber sagen, Geschenkpapier auf- und abreißen, Geschenke ignorieren und mit dem Geschenkpapier herumknistern) nur noch wackelig herumlaufen konnte.

Apropos Geschenke, wenn das in den folgenden Lebensjahren mit der Anzahl so weitergeht, müssen wir bald umziehen… Fiona hat eine Holzspielküche, einen Puppenwagen und natürlich eine Puppe, ganz viele Anziehsachen, eine Kette mit ihrem Namen drauf, Bilderbücher, einen Kinderstuhl, einen Fußball, ein

Puzzle, Kinderbesteck mit eingraviertem Namen, einen knallpinken Buggy und zwei Nachziehspielzeuge geschenkt bekommen, wow! Jetzt gilt es, ihr das in den nächsten Tagen nach und nach zu zeigen, damit sie nicht überhäuft wird…

Oma Evas zuckerfreie Kekse (ab etwa einem Jahr)

- 100 Gramm getrocknete Früchte (Aprikosen, Datteln, Pflaumen, …)
- 100 Gramm naturbelassene, gemahlene Mandeln
- 100 Gramm Butter
- 1 Bio-Orange auspressen und die Schale abreiben
- 1 Bourbon Vanille auskratzen
- 1 Prise Salz
- 1 Messerspitze Backpulver
- 150 Gramm Dinkelmehl
- 150 Gramm Weizenmehl

1. Die Trockenfrüchte ganz klein schneiden bzw. maschinell zerkleinern.
2. Aus den Zutaten einen Mürbeteig herstellen und den Teig in Folie gewickelt mindestens eine Stunde in den Kühlschrank legen.
3. Teig ausrollen und gewünschte Motive ausstechen.
4. 10-15 Minuten bei ca. 140°C Ober/ Unterhitze auf einem Backblech mit Backpapier backen!

Essenszeit eines Kleinkindes
(Fiona ist 1 Jahr und 3 Monate alt)

„Kinder haben ein Recht auf Erziehung,
die sie nicht einengt, aber ihnen ermöglicht,
ihren weiteren sozialen Weg
ohne Schaden zu gehen."
Elisabeth Bonneau

Fiona möchte nicht mehr gefüttert werden. Selbst zu bestimmen, was gegessen wird, herauszufinden, wie viel in den Mund bugsiert werden kann (und auch wieder herausfällt), ist für sie einfach sensationell.

Was habe ich mich auf den Tag gefreut, endlich wieder in Ruhe *warme* Speisen selber essen zu können und mich in Ruhe auf *meine* Mahlzeit konzentrieren zu können. Doch dummerweise hatte ich unterschätzt, dass das selber-Essen-lassen eines Kleinkindes wieder neue Problematiken mit sich bringt…

Nicht alle Häppchen erreichen Fionas kleinen Mund und immer wieder landet der Trinkbecher auf dem Boden oder mit ausgekippten Inhalt auf ihrem Latz. Wenn die kalte Flüssigkeit dann den Latz durchdringt, kommt es kurzzeitig zu einer Schnappatmung. Als Konsequenz wirft der frustrierte kleine Giftzwerg dann vor Wut die Gabel durch die Gegend und schmeißt als Höhepunkt den Teller voller Wucht vom Tisch.

Leider verändert sich dadurch das Erscheinungsbild des Esstisches, des Hochstuhles und des Bodens sehr, sehr unansehnlich, ganz zu schweigen von Fiona, die nach dem Essen meist baden geht. Klebrige, pappige Pfützen, Essensreste und Brösel zieren Fiona und einen Radius mit ihr als Mittelpunkt von mindestens eineinhalb/ zwei Metern. Und neben den Schmierereien zieren unseren einst gut polierten, kostbaren Holztisch heftige Kratzer um Fionas Platz.

Spätestens, wenn heiße Dämpfe aus dem Kochtopf steigen, wird Fiona ganz wild. Schnell läuft sie zur Schublade und ruft wild gestikulierend „daa, daa, daa“, bis ich ihr eine Gabel gebe. Zufrieden flitzt sie dann zum Tisch, schmeißt die Gabel drauf und ruft wieder „daaa, daaa daaa“, denn sie möchte unbedingt in ihren Stuhl und mit dem Essen starten. Ein genügsames Zureden, wie „Fiona, das Essen ist doch noch nicht fertig, hab doch noch ein bisschen Geduld“ wird einfach von einem immer wütender werdenden „daaaa, daaaa, daaaa“ unterbrochen. Da hilft nur sie beim Kochen auf den Arm zu nehmen, oder das Glück zu haben, dass jemand sie ablenkt und bis zum Essen mit ihr spielt. Jetzt kann ich verstehen, warum Frauen (im Fernsehen) schon beim Essen Zubereiten ein Glas Wein trinken…

Bewährte Tipps bei der gemeinsamen Essenszeit

- Versuchen, täglich zusammen mindestens eine gemeinsame Familienmahlzeit zu sich zu nehmen, bei dem das Essen bewusst genossen, miteinander gesprochen und gemeinsam Zeit verbracht wird. Denn das gibt Halt und Struktur für alle.

- Tiefergehende Probleme sollten nicht beim Essen besprochen werden, da sie den Appetit verderben können.
- Kindgerechte Sachen kochen, um sich Unannehmlichkeiten zu ersparen.
- Neben den Speisen immer Wasser bereitstehen haben.
- Für die ersten Essensversuche bruchfestes Kindergeschirr und spezielles Kinderbesteck nutzen.
- Vorbild sein: nicht schmatzen, nicht mit vollem Mund reden, bei Telefonanrufen mitteilen, dass nach dem Essen zurückgerufen wird, Handyverbot. Essenszeit ist Familienzeit!
- Beim Essen wird gegessen! Keine Spielsachen auf dem Tisch zulassen (aber eben auch kein Handy).
- Gegessen wird am Tisch!
- Richtiges Essverhalten loben und nicht ständig meckern. Bestrafen wirkt nämlich sehr demotivierend.
- Dem Kind nicht zu viel auf den Teller portionieren.
- Das Kind nicht zwingen aufzuessen, da es sonst das natürlich Sättigungsgefühl stört.
- Konsequente und geduldige Einforderung der Regeln für Kinder ab drei Jahren. Bis dahin sanft und spielerisch und mit viel Geduld und Spucke!
- Eigene Gedanken/ Notizen:

Die Wut eines kleinen Trotzkopfes

(Fiona ist 1 Jahr und 5 Monate alt)

„Jedes Kind
hat sein eigenes Zeitmaß der Entwicklung.
Seine Autonomie, Individualität und Persönlichkeiten können sich entfalten, wenn es sich möglichst selbständig entwickeln darf."
Emmi Pikler (1904-1984)

Fiona kann so herzerweichend und allerliebst sein und strahlen, dass selbst Menschen, die Kinder eigentlich nicht so mögen, dahinschmelzen. Ihr Kinderlächeln steckt an und kann verzaubern, aber unsere Prinzessin Sonnenschein kann auch eine Gewitterhexe sein. Sie kann heftig in Tränen ausbrechen, schreien, um sich schlagen und toben, sodass manchmal schon echt Funken sprühen. Na ja, fast.

Erst gestern spielte sie auf dem Spielteppich eifrig ein Holzsteckspiel, bis mich eine stinkige Wolke erreichte.

„Die Windel ist voll", sagte ich zu Ralph, der vor mir am Tisch saß und ebenfalls vertieft in einer Zeitschrift blätterte.

„Muss ich die wechseln?", fragte er dümmlich, worauf ich nur streng nickte und ein wenig mit den Augen rollte.

„Fiona, Windelwechsel", sagte er, hob sie hoch und trug sie auf den Wickeltisch.

Fiona war von dem plötzlichen Aufbruch gar nicht begeistert und schrie ohrenbetäubend, um ihrem Vater zu zeigen, dass sie damit gar nicht einverstanden war und versuchte ihn davon abzuhalten, sie zu wickeln. Sie strampelte und windete sich, trat mit den Füßen nach ihm, völlig verständnislos und enttäuscht darüber, dass er sie beim Spielen herausgerissen hatte.

Glücklicherweise hatte Ralph in diesem Moment viel Geduld und nahm sie noch einmal in den Arm, wiegte sie hin und her, um ihr zu helfen, sich zu beruhigen. Nach einiger Zeit legte er Fiona wieder auf den Wickeltisch und lenkte sie mit einer Creme ab, die sie aufdrehen durfte. Nun konnte er dann in Ruhe den Windelwechsel starten. Doch leider hat man nicht immer so eine vorbildliche Geduld…

Informationen über die Trotzphase

- Trotz gilt als wichtige Phase zur Entwicklung der Selbständigkeit des Kleinkindes und der Ablösung vom Babyalter.
- Einige Pädagogen sprechen nicht vom Trotzalter, sondern von der Autonomiephase, da nicht Trotz und Widerstand kennzeichnend sind, sondern die Ablösung und das Selbständig-werden-Wollen des Kleinkindes. Das Streben nach Autonomie ist entwicklungsgerecht und wichtig, damit das Kleinkind sein eigenes ICH entwickeln kann.
- Ab etwa der Mitte des zweiten Lebensjahres werden Kinder körperlich aktiver und damit

unabhängiger von ihren Eltern. Sie wollen ihre Umwelt erkunden, ihre eigenen Entscheidungen treffen und selbständiger werden. Dazu sollen sie ihre (altersentsprechenden) Erfahrungen selbst machen dürfen. Aufgabe der Eltern ist es, sie dabei liebevoll und geduldig zu begleiten. Denn reagieren Eltern mit Strenge, desto größer wird der Widerstand beim Kind ausgelöst. Druck erzeugt Gegendruck![30]

- Kleinkinder glauben der Mittelpunkt der Welt zu sein und begreifen erst mit der Zeit, dass nicht alles nach ihrem Willen laufen kann.
- Kleinkinder können ihre Emotionen sprachlich noch nicht artikulieren und zeigen ihre Wut/ ihren Ärger/ ihre Enttäuschung eben physiologisch durch Schreien, Trampeln, sich auf den Boden Werfen, usw. Ein Wutanfall ist eine völlig normale Reaktion![31]
- Macht und Verantwortung liegen ganz nah beieinander, doch Macht nicht missbrauchen!
- Danielle Graf und Katja Seide schreiben in ihrem Bestseller: *„Erst nach der Autonomiephase, also frühestens mit fünf Jahren, entwickeln Kinder andere Stressbewältigungsstrategien und sind dann nicht mehr so stark darauf angewiesen, von außen reguliert zu werden. Bis dahin ist es Aufgabe von uns Eltern, zwischen Überbehüten und Alleinlassen eine Balance zu finden*“.
- Eigene Gedanken/ Notizen:

Übermutter auf dem Spielplatz

(Fiona ist 1 ½ Jahre alt)

"Die Entscheidung für ein Kind ist folgenschwer. Sie bedeutet, dass dein Herz immer auch in einem anderen Körper schlagen wird."
Elisabeth Stone (geboren 1946)

Heute habe ich mir amüsiert in dem Buch „Eltern die auf Schaukeln starren" von Felix und Silke Denk folgende Passagen angestrichen:

„Man will den anderen Eltern auf dem Spielplatz die eigenen pädagogischen Ideale vorführen. Dazu gibt es reichlich Gelegenheit. Auf dem Spielplatz muss man schließlich permanent reagieren, einschreiten, mitspielen, schlichten, trösten, erklären, loben, entscheiden, sanktionieren, erlauben, verbieten, verhandeln, schimpfen, gut zureden. Jedenfalls denken das die meisten Eltern, sie müssten das tun. Wegen der anderen Eltern. [...] Tatsächlich verhält sich niemand seinen Kindern auf dem Spielplatz gegenüber so, wie er es normalerweise zu Hause tun würde – wenn also niemand da ist und zuhört; wenn man aus dem Bauch heraus und ohne äußere Kontrolle handelt. Auf dem Spielplatz dagegen steht man unter Beobachtung. Spielplätze sind die normative Hölle der Eltern. Entsprechend kennt die große Erziehungsshow keinen Anfang und kein Ende. Sie geht immer weiter, von morgens bis abends. Und sie beginnt jeden Tag aufs Neue."

Mit diesen Worten im Kopf werden mein Töchterchen und ich heute mal wieder einen Spielplatz aufsuchen. Fiona liebt Spielplatzbesuche über alles. Endlich kann sie ihre Energie richtig entladen, andere Kinder beobachten, mal wieder die volle Aufmerksamkeit ihrer Eltern auf sich ziehen bzw. auch entziehen und sich entfalten. Wenn Fiona und ich auf den Spielplatz gehen, ist das meistens schon vor dem Spielplatzbesuch sehr anstrengend. Es geht schon los beim Packen.

Wie ist das Wetter heute?

Was muss Fiona anziehen?

Nichts darf vergessen werden: etwas zu trinken für unterwegs, ein Pausensnack, Sandspielzeug, die Windeltasche mit gefüllten Utensilien, eine Decke für den Buggy sowie Wechselklamotten für den Fall der Fälle.

Und wo war nochmal meine Jacke?

Bis wir endlich unterwegs sind, ist viel Geduld gefragt…

Sind wir beim Spielplatz angekommen, achte ich sehr sorgsam darauf, dass Fiona nichts Schlimmes passiert. Klettert sie über die Sprossen zur Rutsche, stehe ich wachsam dahinter, um sie aufzufangen, fiele sie hinunter. Schaukel ich sie an, achte ich darauf, dass es nicht zu hoch und zu wild wird. Wippt sie auf dem Schaukelpferd, schütze ich ihr Kinn.

Erstaunt sehe ich immer wieder Eltern, die gelassen zig Meter entfernt von ihrem Kleinkind stehen und miteinander tratschen, während ihre Kinder den Spielplatz erkunden und nicht beachtet werden.

So ist beispielsweise Antonia nur drei Tage jünger als Fiona, doch sie rutscht schon sausend die große Rutsche alleine herunter, ohne, dass ihre Mutter schützend hinter ihr hergeht, oder mit ihr rutscht.

Wer ist schlimmer: die Eltern, die völlig versunken in Gesprächen ihre Kleinkinder links liegen lassen, oder die Helikoptereltern, die ihr Kind auf Schritt und Tritt besorgt behüten?

Und schon folgt ein mich missmutig machender Gedanke: *Bin ich eine Helikoptermutter?*

Helikoptereltern sind sehr überfürsorglich und „kreisen" dauernd um ihren Nachwuchs, sodass die Kinder kaum eine Chance haben Verantwortung zu übernehmen, leicht in Abhängigkeiten geraten und selbst nie Führung übernehmen.

Nein, so schlimm ist es nicht. Ich möchte ja nur nicht, dass Fiona sich verletzt.

Jedenfalls traue ich meiner Tochter von Spielplatzbesuch zu Spielplatzbesuch mehr und mehr zu und halte mich bewusst verstärkt im Hintergrund.

Übrigens, ein Jahr später hat Antonia ein gebrochenes Bein. Ich habe Antonias Mutter gefragt, wie es dazu kam und sie sagte: „Ach, das ist auf unserem letzten Spielplatzbesuch passiert"...

Bewährte Tipps für Spielplatzbesuche

- Wechselkleidung, eine gefüllte Wickeltasche, Snacks für zwischendurch, Getränke und Sandspielzeug.

- Altersgerechte Spielplätze suchen, damit man auch ein wenig entspannen kann.
- Ist mein Kind in Konfliktsituationen mit gleichaltrigen Kindern, halte ich mich so lange wie möglich raus.
- Erwachsen und angepasst reagieren. Erst mal tief durchatmen.
- Ich empfehle das Buch „Eltern die auf Schaukeln starren“ von Felix und Silke Denk, wo jede Sorte von Eltern ironisch mehr oder weniger übertrieben dargestellt werden. Es tut gut zu wissen, dass andere auch so sind.
- Eigene Gedanken/ Notizen:

Schwangerschaft Nr. 2

„Während das erste Kind in eine Paarbeziehung hineingeboren wird, kommt jedes weitere Kind in eine bereits bestehende Familie. Die gesamte Konstellation verändert sich mit Ankunft des Neugeborenen, alle Familienmitglieder müssen sich neu sortieren. Neben der Notwendigkeit, eine neue Rolle finden zu müssen, ist diese Phase für das ältere Kind vor allem von schmerzhaften Verlustgefühlen geprägt. Während sich alle Familienmitglieder und die Umwelt über das neue Geschwisterkind freuen, spürt das ältere Kind mit Geburt des Geschwisterchens vor allem den Verlust der exklusiven Beziehung zu seiner Mutter.“ [32]

Katharina Saalfrank

Wir bekommen wieder Nachwuchs!

Wenn Fiona zwei Jahre und zwei Monate alt ist, ist es dann wohl so weit, sagt der Frauenarzt. Meine Hormone haben mich davon überzeugt, dass Schwangerschaft, Geburt und Fionas erstes Lebensjahr eigentlich ein Klacks waren und richten sich nur noch auf weiteren Nachwuchs.

Die anstrengenden und schlaflosen Nächte, das Babygeschrei, die damit verbundene Hilflosigkeit und Überforderung hat mein Gedächtnis ganz einfach in eine Schublade gesteckt, mit Leim verklebt und im untersten Fach versteckt. Stattdessen tanzen in meinem Kopf schon wieder nur noch zartrosa oder himmelblaue Babystrampler herum... Mein gesamter Körper hat sich die letzten Monate einfach auf weiteren Familienzuwachs konzentriert und auch Ralph davon überzeugt. Ein Geschwisterchen für Fiona bzw. wieder ein Baby für Mama und Papa muss her!

Werde ich Fiona auch nicht vernachlässigen?

Kann die Bindung zum Neugeborenen überhaupt so stark werden, wie es bei Fiona war?

Werde ich noch mehr Liebe abgeben können? Und diese dann auch gleich verteilen können?

Ich träume von einer kleinen Schwester oder einem kleinen Bruder, der mit Fiona auf dem Spielteppich Fische angeln spielt, während mein Mann und ich endlich mal wieder genüsslich essen können. Innerlich sehe ich vor mir ein Hochbett, in dem immer ein Bett leer ist, weil die Geschwister lieber eng aneinander gekuschelt in einem schlafen wollen. Und an Wochenenden übernachten die beiden liebend gerne bei ihren Großeltern, sodass Ralph und ich mal wieder richtig Zeit füreinander haben...

Bestimmt wird es mit einem zweiten Kind bei uns ganz einfach wieder ein Klacks, denkt mein von Babyvirus infizierter Körper. Das Familiensystem hat sich schließlich schon gebildet (ähem, das war bewusst ganz ironisch ausdrückt. Ein Klacks wird das ganz bestimmt nicht!).

Schicksalsschläge
(Fiona ist 1 Jahr und 9 Monate alt)

„Manchmal sieht unser Schicksal aus wie ein Fruchtbaum im Winter. Wer sollte bei dem traurigen Aussehen desselben wohl denken, dass diese starren Äste, diese zackigen Zweige im nächsten Frühjahr wieder grünen, blühen, sodann Früchte tragen könnten, doch wir hoffen's, wir wissen's."

Johann Wolfgang von Goethe (1749-1832)

Zum Ende des Sommers haben wir zwei Wochen Urlaub an der polnischen Ostsee in einem fünf Sterne Hotel gebucht und freuten und schon riesig darauf. Um die 900km lange Strecke nicht an einem Tag zu bewältigen, machten wir eine Zwischenübernachtung in einem Hotel in Berlin und besuchten dort meine Schulfreundin Viktoria. Unsere Kinder sind im gleichen Alter und es ist einfach wunderschön, wenn man sich nach langer Zeit immer wieder sieht und dann alles gleich so ist, wie früher. Das sind wahre Freundschaften, die gleich da anknüpfen, wo man aufgehört hat!

Gerade frühstückten wir in einem Hotel in Berlin, als mein Vater mich anrief.

„Marie, Opa Gerd ist heute Nacht gestorben, er ist ganz friedlich eingeschlafen. Oma geht es den Umständen entsprechend gut. Wir werden das alles regeln. Bitte macht in Ruhe euren Urlaub. Du brauchst nicht zur Beerdigung kommen, dass soll ich unbedingt von Oma ausrichten und auch ich wünsche mir, dass ihr deshalb nicht euren Urlaub unterbrecht. Ich habe dich lieb".

Ich schluckte und merkte, wie mir die Tränen herunterliefen, konnte nur noch ein „ok" hervorkrächzen, nuschelte leise ein „und ich habe dich lieb, danke" und legte auf.

Ralph war soeben mit Fiona vom Frühstücksbuffet zurückgekehrt und schaute mich verdutzt an.

„Was ist los, Maus?", fragte Ralph.

„Mein Opa ist gestorben", brachte ich gerade noch heraus. Er gab Fiona ein Stückchen Melone und nahm mich in den Arm.

„Mama, weinen?", fragte Fiona.

Der eine geht, der andere kommt, ist eine Lebensweisheit, die sich mir nun bestätigte und die ich bewältigen musste.

Ich war gerade im siebten Monat schwanger und musste mich intensiv mit dem Tod und neuem Leben befassen.

Nach reichlicher Überlegung, Diskussionen mit Ralph und vielen Telefonaten mit meinen Eltern, meinen Geschwistern und meiner Oma entschloss ich mich dazu, nicht an der Beerdigung teilzunehmen, sondern Urlaub zu machen. Ralph fand diese Entscheidung total doof, weil er meinte, es sei ganz wichtig für mich zur Beerdigung hinzugehen, um mich „persönlich" von meinem Opa zu verabschieden, doch ich erklärte, dass ich trotzdem den Urlaub wahrnehmen möchte.

Nach dem Tod meines Großvaters habe ich eine sehr intensive Zeit mit Ralph verbracht, in der wir viel miteinander geredet und zusammen verarbeitet haben. Zusätzlich war da unsere kleine Tochter, die immer wieder ihre Mama weinen sah. Wir erklärten ihr, dass Opa Gerd jetzt oben im Himmel sei. So wurde sie schon sehr früh mit dem Tod konfrontiert.

Insgesamt wurde es ein tränenreicher Urlaub mit vielen wunderschönen Momenten. Immer wieder fragte ich mich, ob meine Tränen, mein Gemütszustand, Auswirkungen auf mein Baby haben würden…

„Auch die Körpergeräusche hört das Ungeborene mit, den Herzschlag, das Darmgurgeln, das Rauschen des Blutes, aber nicht nur das, es spürt auch die Befindlichkeit der Mutter. Ist sie glücklich, synchronisieren sich nämlich ihre Körpergeräusche, die Bauchdecke wird weich, die Bauchhöhle weit und kuschelig. Ist sie dagegen unzufrieden, wird die Bauchdecke hart und der Fötus zusammengedrückt."[33]

Ich fand es schwierig, die Freude auf das Kind und den plötzlichen Verlust meines geliebten Opas unter einen Hut zu kriegen. Liebevoll streichelte ich in traurigen Momenten meinen Bauch und erklärte meinem Baby, dass ich nicht wegen ihm weine, sondern weil mein Opa gestorben war. In Gedanken versetzte ich mich in meiner Sensibilität immer wieder in meine Oma, die von nun an alleine in einer leeren Wohnung war und nach so einer wunderbaren langen Lebensgemeinschaft mit meinem

Opa alleine bleiben würde. Und ich versetzte mich in die Lage meiner Mutter, die nun keinen Vater mehr hat.

Niemals wird mein Opa erleben, ob unser zweites Baby ein Mädchen oder ein Junge wird... Aber irgendwann wird jeder von uns einmal sterben. Und das ist auch gut so, denn ohne Anfang gäbe es auch kein Ende.

Viele werdende Mamis durchleben schwere Schicksalsschläge während ihrer Schwangerschaft: verlieren einen Elternteil, Geschwisterteil, Freunde, vielleicht sogar den Lebenspartner, oder einen Großelternteil, wie ich. Dafür wünsche ich ganz viel Kraft und Lebensfreude!

Bewährte Tipps im Umgang mit Trauer

- *„Trauer ist ein tiefes Gefühl. Tränen sind ein ganz natürlicher Ausdruck dafür und dürfen reichlich fließen."* [34]
- Eine Beerdigung bietet die Möglichkeit, sich selber zu verabschieden.
- Als Trauernder ist es wichtig, das Sterben nicht „totzuschweigen", sondern offen mit jemandem über den Verlust zu sprechen, um sich mitzuteilen, verstanden zu werden und den Tod letztendlich auch zu akzeptieren. Hat man keine Ansprechpartner, oder möchte man Freunde entlasten, gibt es Trauergruppen.
- Eigene Gedanken/ Notizen:

  ____

  ____

Eingewöhnung in der KiTa
(Fiona ist 1 Jahr und 10 Monate alt)

„Wege entstehen dadurch, dass wir sie gehen."
Franz Kafka (1883-1924)

Zwei Monate bevor Fiona zwei Jahre alt wurde, hatten wir einen Platz in einer KiTa für unsere Tochter. Die KiTa hatte erst vor zwei Jahren eröffnet, war nur 600 Meter von uns entfernt. Intuitiv wollte ich Fiona dort gerne anmelden. Einen KiTa-Vorstellungsabend mit anschließender Besichtigung unternahm ich zusammen mit Tinta.

Diese KiTa war wirklich schön: Hell, freundlich, offen und ich fühlte mich gleich geborgen und konnte mir vorstellen, dass es auch Fiona hier gefallen würde. Die Erzieherinnen machten einen einfühlsamen Eindruck und betonten die Beziehungsarbeit zum Kind. Bei einem weiteren persönlichen Gespräch war Ralph dabei und auch ihm gefiel die Einrichtung. Im September würde Fiona die KiTa für die minimale Betreuungszeit von (gebuchten) zwei bis drei Stunden besuchen!

Bereits sechs Wochen vor KiTa-Beginn bereiteten auch wir Eltern (besonders ich, Ralph eher gezwungenermaßen) uns auf die Eingewöhnungszeit vor. Ich las Ratgeber und Sachbücher, diskutierte mit Freunden und Bekannten über Fremdbetreuung und mit Fiona guckten wir vor dem Schlafengehen ein KiTa-Bilderbuch nach dem anderen an: „Meine ersten Kita - und Kindergeschichten", „Lotta in der Kita", „Kleine Kitageschichten zum Vorlesen“, usw. Dazu war unsere Stadtbücherei eine tolle Möglichkeit kostengünstig Bücher auszuleihen, sodass sie nach der KiTa-Zeit nicht verstauben müssten. Wir konnten das Wort KiTa schon nicht mehr hören, obwohl Fiona noch nicht einmal dort war!

Kurz vor Fionas zweitem Geburtstag begann dann die Eingewöhnung. Dies bedeutet, dass Fiona die ersten beiden Wochen in der KiTa von einer Bezugsperson begleitet wird. In Sachbüchern hatte ich gelesen, dass dies am besten nicht durch die Person geschehen soll, die der KiTa zwiespältig entgegenblickt (was meistens die erste Bezugsperson ist, also ich), sondern durch jemanden, der der KiTa gelassen, chillig und entspannt entgegenblickt: Fionas Papa. Dafür hatte Ralph sich extra drei Wochen frei genommen.

An Fionas erstem KiTa-Tag waren Fiona und ich ganz aufgeregt. Ralph wahrscheinlich auch, aber der kann das ganz gut verstecken, typisch Mann.

Fiona juchzte: „Fia, KIIIITAAAA“, während ich tapfer lächelte, mich innerlich jedoch total zwiespältig fühlte. Zum einen blickte ich der Tatsache glücklich ins Auge ein paar Stunden für mich zu haben, für die Doktorarbeit, für was auch immer. Zum anderen war da das schlechte Gewissen Fiona in eine völlig fremde Umgebung zu völlig fremden Menschen abzugeben. Menschen, die dafür Geld bekommen, auf mein Kind aufzupassen. Also nicht aus Liebe und Familienzugehörigkeit, sondern, um an erster Stelle Geld zu verdienen für die Betreuung meiner Tochter.

Endgültiger Trennungsalarm überkam mich, als Fiona

mit ihrem Papa Hand in Hand die Wohnung verließ.

Schon beim Anziehen und gemeinsamen Frühstück hielt ich mich, soweit ich das konnte, zurück, sodass Fiona sich auf den Papa und sich selbst konzentrieren konnte, um meine kontroversen Gefühle nicht auf sie zu übertragen. Nachdem die zwei sich angezogen hatten und wir uns kurz und schmerzlos verabschiedet hatten, schaute ich ihnen aus dem Fenster nach, griff zum Telefon und rief Tinta an. Da sie zwei Wohnungen über uns wohnt, konnte sie Fionas erste Schritte zur KiTa aus dem Fenster beobachten. Auch Tinta war nervös, ängstlich und aufgeregt, ob, und wie es Fiona dort wohl gefallen würde...

Dass ich an manchen Stellen, wie eine Helikoptermutter rüberkomme, fällt doch nicht auf, oder?

Bereits nach einer Stunde kamen die zwei wieder. Ralph musste mir haargenau erzählen, was dort geschehen war: Unser Töchterchen war ganz begeistert von dem ganzen Spielzeug und der musikalischen Einlage während des Morgenkreises. Schritt für Schritt wurde Fiona in den nächsten Tagen an die KiTa gewöhnt und Ralph hielt sich immer mehr im Hintergrund auf, sodass Fiona die Möglichkeit hatte, Vertrauen zu den unterstützenden und einfühlsamen Erzieherinnen aufzubauen und sich an die anderen Kinder zu gewöhnen. In der zweiten Woche fand dann die erste kurze Trennung erfolgreich statt, ganz ohne Tränen.

Rückblickend, nach zwei Monaten, kann ich sagen, dass Fiona ein ganz begeistertes KiTa-Kind ist, was sicherlich auch daran liegt, dass sie erst kurz vor Ende der

Bringzeit gebracht wird (9 Uhr) und die Erste ist, die wieder abgeholt wird (11.30 Uhr).

Bewährte Tipps für die Eingewöhnungszeit

- Schon Wochen vor dem KiTa-Start zusammen mit dem Kleinkind Kindergarten-Bilderbücher ansehen. Bilderbücher „erklären“ Kindern die Welt auch bildlich. Außerdem entwickelt sich Sprachvermögen und -verständnis und das Kind kann sein Wissen weiter ausbauen.[35]
- Den Weg zur KiTa zusammen mit dem Kind vorab kennenlernen.
- Für die Eingewöhnungszeit etwa vier Wochen einplanen.
- Die Eingewöhnungszeit den geduldigen, ruhigen und emotional starken Partner übernehmen lassen.
- Das Kind spürt, ob auch ein guter Kontakt zwischen Eltern und Erziehern besteht und kann dann auch vertrauen.[36]
- Darauf achten, dass der Bezugserzieher in der Eingewöhnungszeit täglich da ist.
- Das Kind sollte in den ersten acht Wochen nur halbtags in die KiTa gehen. „*Mehr ist für ein kleines Kind am Anfang nur schwer zu verkraften.*“ [37]
- Die kinderlose Zeit genießen und sinnvoll nutzen! Sich mit anderen „Leidensgenossen“ austauschen.

- Falls Nachwuchs unterwegs ist: Das KiTa-Kind sollte schon ein paar Wochen (oder noch besser Monate) vor Geburt des Geschwisterkindes in der KiTa eingewöhnt sein, damit es sich nach der Geburt nicht abgeschoben fühlt.
- Eigene Gedanken/ Notizen:

  ____

  ____

  ____

  ____

Geburtshaus und Hebammen

(Fiona ist 1 Jahr und 11 Monate alt)

„Du selbst bist das Kind, das du kennen lernen, großziehen und vor allem aufklären musst."
Janusz Korczak (1878 – 1942)

Mittlerweile ist die 30. Schwangerschaftswoche vergangen. Heute waren Ralph, Fiona und ich mal wieder zusammen im Geburtshaus zur Vorsorgeuntersuchung. Ich liebe die heimelige Atmosphäre dort und die mit Liebe zum Detail gestalteten Räume. In meiner ersten Schwangerschaft habe ich in der 30. Woche eine Nacht im Krankenhaus verbringen müssen (und sollte bis zum Ende meiner Schwangerschaft liegen): wegen verkürztem Gebärmutterhals. Es stellte sich heraus, dass der Gynäkologe generell überaus vorsichtig und der Krankenhausaufenthalt unnötig war.

Dieses Mal wollte ich mich nicht wieder wegen einer Normabweichung verrückt machen lassen. In dieser Schwangerschaft möchte ich eine ganz behutsame Unterstützung erfahren, hauptsächlich begleitet von einer Hebamme. Doch zu zwei von den drei vorgesehenen Ultraschalluntersuchungen ging ich trotzdem zur Frauenärztin. Es gibt Schwangere, die darauf verzichten können, denn die Ultraschalluntersuchungen sind ja nicht verpflichtend. Ich finde den Verzicht lobenswert, denn noch immer ist nicht einheitlich geklärt, ob Ultraschalluntersuchungen Auswirkungen auf das Baby haben. Dieses Mal möchte ich nicht in einem Krankenhaus, sondern im Geburtshaus gebären! Hoffentlich wird das klappen…

Nach einer freundlichen Begrüßung im Geburtshaus inklusive Umarmung mit einer jungen Hebamme Jana waren wir an der Reihe. Mein Gewicht wurde kontrolliert, Blutdruck gemessen und mein Urin wurde nach Eiweiß und Zucker untersucht. Alles in bester Ordnung.

Warum sollte das auch nicht so sein?

Jedes Mal zittere ich ein wenig ängstlich und hoffte, dass alles ok ist. Nun kam der für uns spannendste Teil: die Lage unseres Kindes wurde festgestellt! Fiona beobachtete ganz genau, wie die Hebamme meinen Bauch befühlte und die Herztöne abhörte.

„Mamas Bauch“, rief sie empört der Hebamme zu.

„Fiona, Schatz, Jana darf das“, sagte ich zu ihr.

„Ja, ich will nur mal ganz vorsichtig tasten, ob es dem Baby dort drin gut geht. Deine Mama hat ja einen schönen runden Bauch! Möchtest du auch mal fühlen?“, fragte die Hebamme.

Fiona wich einen Schritt zurück und kletterte auf Papas Schoß. Lächelnd machte Jana mit ihrer Arbeit weiter, bis sie fertig war und sich die Hände wusch. Schnell trat Fiona näher zu mir und streichelte mit einem liebevollen „Aiiiiii“ meinen Bauch.

Verteidigte unsere Tochter gerade zum ersten Mal ihr pränatales Geschwisterchen? Oder mag sie es nicht, dass jemand Fremdes meinen Bauch anfasste? Kann sie wirklich schon wissen, dass da ein Baby drin ist? Wie

wird sie wohl reagieren, wenn sie es zum ersten Mal sieht? Und werden sich die zwei gut verstehen?
Dies waren nur einige der Fragen, die mir schon seit Wochen durch den Kopf gingen. Hach, wenn das Kleine doch schon da wäre…

Übrigens wissen wir nicht, ob wir wieder ein Mädchen, oder diesmal einen Jungen bekommen werden. Wir lassen uns überraschen!

Der zweite Geburtstag
(Fiona ist 2 Jahre alt)

„Wenn Kinder rund um den zweiten Geburtstag lernen, „Ich" zu sagen, dann zeigen sie sich als eigenständige, selbstbewusste Persönlichkeiten, die sich aufmachen, die Welt zu erobern. Kinder sagen aber nicht allein „ich", sie formulieren zugleich „Ich kann" oder „Ich will" und eben auch „Ich kann nicht!" oder „Ich will nicht!". Kinder werden mit zunehmendem Alter immer autonomer, sie machen sich unabhängig, grenzen sich ab, gehen auf Distanz, probieren, was möglich ist, provozieren. Dieser Entwicklungsprozess ist von Widersprüchen durchsetzt, deshalb verläuft er nicht reibungslos und schon gar nicht einfach. „Kinder fordern uns heraus", so hat es der Pädagoge Rudolf Dreikurs einmal beschrieben." [38]

Jan-Uwe Rogge und Angelika Bertram

Heute ist Fionas zweiter Geburtstag! Sie konnte es kaum erwarten und freute sich auf den Ehrentag, den sie wohl zum ersten Mal in ihrem Leben bewusst erleben wird.

Ralph hatte extra eine Krone von Burger King mitgebracht, die wir kreativ übermalten und verzierten. Gestern Abend hatte ich zusammen mit ihrem ungeborenen Geschwisterchen in meinem dicken Kugelbauch eine leckere Sahnetorte für den Nachmittag und einen leckeren Trockenkuchen für die KiTa gebacken, den Fiona heute Morgen ganz stolz mitnahm. Als besonderes Highlight hat der Kuchen einen Schokoguss mit Smarties drauf (so viel zum Thema zuckerfreie Ernährung in den ersten Lebensjahren). So hat Fiona schon am Morgen eine Kindergartengeburtstagsfeier, bei der sie einmal ganz im Mittelpunkt stehen darf. Und heute Nachmittag feiern wir zusammen mit ihren beiden besten Freunden, Alexander und Lilia sowie ihren Müttern.

Wenn ihr dieser Geburtstag heute gefällt, werden die nächsten Kindergeburtstage bestimmt ihre Jahreshöhepunkte, so, wie es auch bei mir war.

Ralph und ich wünschen uns eben, dass Fiona ihre Kindergeburtstagsfeiern als etwas Besonderes erleben wird, wie wir sie in unserer Erinnerung als Kinder abgespeichert haben. Es gab immer Wunschessen, spannende Kinderfeiern mit Spielen (Reise nach Jerusalem, Topfschlagen, Wettessen, usw.), Geburtstagskuchen mit Kerzen zum Ausblasen, Geburtstagsständchen, ...

Bewährte Tipps im Umgang mit kleinen Trotzköpfen

- *„Hat ein Kleinkind ein Stresserlebnis, wenn zum Beispiel ein Erwachsener etwas verbietet, übernimmt das emotionale Gehirn die Führung und blockiert das vernünftige, geduldige Gehirn weitestgehend in seiner Funktion. Das Kind wird von seinen Emotionen überwältigt - es wütet.“* [39]
- Dem Kleinen rechtzeitig ankündigen, dass jetzt zum Beispiel ein Windelwechsel ansteht (um es nicht gänzlich aus seinem Spiel rauszureißen).
- Sich in das Kleinkind hineinzuversetzen, hilft oft die Situation zu verstehen.

- Den Wutanfall nicht persönlich nehmen. Das Kind schreit, weil der Frust raus muss.
- Bleiben Sie gelassen, treten Sie einen Schritt zurück und versuchen Sie die Situation einmal aus der Sicht des Kindes zu betrachten. Das macht Sie zum Vorbild! [40]
- Es ist hilfreich, die Sprach- und Handlungsebene zu fördern, indem man die auftretenden Gefühle benennt („Ich sehe, du bist total wütend") und Handlungsalternativen („Du könntest jetzt zischend und wie ein Wutdrache deine Wut herausatmen, um dich wieder zu beruhigen") anbietet, sodass das Kind mit der Zeit selbst handlungsfähiger und weniger von seinen Emotionen überflutet wird. [41]
- Strafen und Konsequenzen wirken kurzfristig, doch der dahinterliegende Konflikt wird zeitlich nur nach hinten verschoben. Zudem verhindern sie eine konstruktive Auseinandersetzung mit dem eigentlichen Problem, das Kind erfährt Hilflosigkeit und Ohnmacht und kommt auf den Geschmack von Machtkämpfen.
- Ulla Nedebock schreibt in Ihrem Ratgeber *„Starke Kinder brauchen Regeln"*, dass man sich als Eltern sagen soll, dass man gerade eine schwierige Phase durchmacht, diese jedoch auch wieder vorbei sein wird, sodass man die Situation besser akzeptieren kann.
- *„Aber: Erwarten Sie nicht, dass Ihr Kind dadurch plötzlich aufhört zu schreien oder sich*

auf dem Boden zu wälzen. Wahrscheinlich macht es genauso weiter, als würde es Ihre Bemühungen gar nicht bemerken. Aber es macht einen großen Unterscheid, ob Sie sich nach dem Trotzanfall über sich ärgern oder stolz auf sich sind, Ihr Kind durch seine Wut hindurch begleitet zu haben." [42]

- Eigene Gedanken/ Notizen:

  ____

  ____

  ____

  ____

Wie die Beziehung zu meiner Schwiegermutter wurde, wie sie ist
(Fiona ist 2 Jahre alt)

„Jeder, der sich die Fähigkeit erhält,
Schönes zu erkennen, wird nie alt werden."
Franz Kafka (1831-1924)

Fiona war ganz aufgeregt. Wir hatten ihr erzählt, dass wir am Nachmittag Oma Eva besuchen. Dort darf sie alles! Eigentlich ist dort nichts verboten. Sie darf mithelfen beim Backen, Dreirad fahren, mit ihren Puppenlieblingen und der Oma bis ins Unermessliche spielen und mal wieder völlig im Mittelpunkt stehen.

Wenn wir dort zu Besuch sind, kommen wir immer mit einem vollen Magen zurück und weiteren Leckereien im Gepäck. Eigentlich ist es immer wie Weihnachten. Und vor unserem Besuch dürfen wir uns aussuchen, was wir uns zu Essen wünschen. Es gibt immer Köstlichkeiten und Leckereien und sie ist wirklich der gastfreundlichste und freigiebigste Mensch, den ich kenne.

Doch zu Beginn unserer Beziehung war es für meine Schwiegermutter und mich nicht leicht miteinander. Mein Mann wohnte seit über 26 Jahren zusammen mit ihr in einem Haushalt, die letzten acht Jahre ohne eine weitere männliche Person. Somit übernahm Ralph als Sohn viele Aufgaben eines Ehemannes. Dann kam auf einmal ich dazu, die tagelang blieb, wieder wegfuhr und Ralph mich dann wieder tagelang besuchte, wir nach ein paar Jahren zusammenzogen, sodass sie schließlich alleine in einem großen Haus wohnen blieb. Durch die neue Lebenssituation, dass der Sohn aus dem Haus geht, der Zeit des großen Umbruchs, muss man sich im Loslassen üben und die Kinder zur Selbständigkeit erziehen.

Als Fiona gerade geboren war, war es für mich oft mit großer Überwindung verbunden, wenn wir zu Oma Eva fuhren. Wie oft musste ich mir anhören: „Stillst du wirklich nur? Du fütterst gar nichts dazu? Und das reicht ihr?“, was mich verwirrte, verunsicherte und nach einigen Gedankenzügen verärgerte.

Ich wollte unterstützt und gelobt werden, dafür, dass ich nachts spätestens (!) alle drei Stunden meine Tochter stillte, auf Alkohol und Partys verzichtete und Fiona nicht mehr als zehn Meter von der Stelle wich, um ihren Hunger und Durst schnell stillen zu können. Nach einem weiteren Besuch, da war Fiona etwa vier Lebensmonate alt, hielt Oma Eva sie auf dem Arm und sagte zu ihr und unterschwellig an mich gewandt: „Ich habe selbstgemachtes Kartoffelpüree gemacht, mein Schatz, das kannst du mitessen! Dann bekommst du endlich mal was Richtiges“, was mich wieder tief verletzte.

War meine Milch denn nichts Richtiges?

Ich wollte für Fiona das erste Mal kochen, ich wollte sie in Ruhe alleine füttern und sehen, wie es ihr schmeckt, ich wollte den Moment für meine Tochter und mich haben und nicht teilen müssen. Und außerdem sollte Fiona entscheiden, wann dazu der passende Zeitpunkt war.

Meiner Schwiegermutter war nicht bewusst, dass ihre gut gemeinten Ratschläge nicht auf Gegenliebe stießen. Ich hätte mir gewünscht, dass sie stattdessen mich fragt, wann ich zum Beispiel glaube, dass der richtige Zeitpunkt für den Beikoststart da ist. Dabei wollte ich immer nur das Beste für meine Tochter, doch egal, was ich tat, meine Schwiegermutter war nie richtig einverstanden mit den Dingen, die ich machte.

Ich las sehr viele Fachbücher, bereitete mich vor, um erklären zu können, warum ich Dinge tat, um durch wissenschaftlich untermauerte Literatur beeindrucken zu können. Doch auch das nützte nichts und wurde achtlos weggeschmettert. Immer wieder fühlte ich mich von ihr unterschwellig kritisiert. Ich habe sehr darunter gelitten und Ralph hielt sich völlig da raus. Beziehungsarbeit war noch nie seine besondere Stärke.

Meine eigene Mutter war viele Kilometer fern von mir und versuchte mich zu unterstützen, so gut es eben aus der Ferne geht. Doch nach jedem Besuch in Fionas ersten halben Lebensjahr bei der Schwiegermutter war ich hinterher schlechter drauf, als zuvor, fühlte mich gedemütigt, alleingelassen und verunsichert. Zusammengefasst: ich litt.

Ich dachte schon darüber nach, den Kontakt endgültig einzustellen, weil ich einfach keinen Mehrwert mehr für mich in unseren Besuchen sah. … Dies spitzte sich so sehr zu, dass mein Vater uns einmal tatkräftig als Mediator unterstützte, was zu einem großen Umbruch führte. Zusammen arbeiteten wir heraus, dass wir in Zukunft wertschätzend, respektvoll und ehrlich miteinander umgehen wollen. Ich merkte, dass ich sobald ich sie sah, in eine Art Abwehrhaltung verfiel, in der sie eigentlich gar keine Möglichkeit hatte mit mir normal zu kommunizieren. Fragte sie mich etwas, dachte ich „Wie kann sie mich das nur fragen!?“. Und fragte sie mal nicht nach, dachte ich „Du könntest ja wenigstens mal nachfragen“.

Ich bin sehr froh, dass wir durch solch ein völlig ehrliches Gespräch mit einer neutralen Person an meiner Seite (na ja, so ganz neutral war mein Vater natürlich nicht) den Konflikt gelöst haben. Nun stehen wir miteinander in einem sehr guten respektvollen und wohlwollenden Kontakt. Meine Schwiegermutter schätze ich nun sehr. Und sie schätzt auch mich!

Die Schwiegermutter-Thematik befasste mich so sehr, dass ich überlegte, darüber zu promovieren, doch nach einiger Recherche entdeckte ich, dass dies bereits jemand getan hat: Der Titel der Dissertation von Andrea Kettenbach lautet: „Empirische Untersuchung der Vorstellungsbilder von Schwiegertöchtern über Schwiegermütter“ (2010) und erfasst dabei vier Typen von Schwiegermüttern, die sich aus Interviews mit 34 verheirateten Frauen herausbildeten. Durch weitere Studien wurden diese Typologien noch bei weiteren 422 Personen bestätigt. Ich stelle sie mal kurz vor, vielleicht findet ihr eure Schwiegermami da wieder ☺

- Typ 1 ist die liebevolle, nette, aufmerksame und fürsorgliche Schwiegermutter, die manchmal sogar als „gute Freundin“ von der

Schwiegertochter bezeichnet wird. Hierbei besteht insgesamt ein gutes und ausgeglichenes Verhältnis innerhalb der Familie. Schwiegertöchter nennen die Eigenschaften Akzeptanz, Respekt, Dankbarkeit und Verständnis.

- Dann gibt es den Typ 2, die gemeine, hinterhältige, sich einmischende Schwiegermutter, die in der Öffentlichkeit dem weit verbreiteten Klischee der „bösen Schwiegermutter“ entspricht. Die Schwiegertöchter beschreiben hier offene oder verdeckte Antipathie.
- Weiterhin gibt es die nervige, aber nützliche Schwiegermutter, Typ 3, die die junge Familie unterstützt, sich aber auch gerne einmischt. Hierbei ist das Konfliktpotenzial besonders groß. Der Mann ergreift in Konflikten ungern Partei gegen seine Mutter, sodass die Schwiegertochter sich alleingelassen und in einer Zwickmühle fühlt.
- Bei Typ 4, der gleichgültigen, desinteressierten Schwiegermutter, handelt sie reserviert und oberflächlich. Hier sind die Schwiegertöchter oft verärgert, dass die Enkel keine Oma haben, die sich um sie kümmert. Oft bevorzugen diese Schwiegermütter die Kinder der eigenen Tochter. Meist haben die Ehemänner vermehrt selbst ein schwieriges Verhältnis zu ihrer Mutter und zeigen Verständnis für die Probleme und Emotionen ihrer Frau. Somit bleiben bei Typ 4, der gleichgültigen Schwiegermutter, den Enkelkindern wohl auch nichts anderes übrig, als dass sie

die Großmutter mütterlicherseits als Lieblingsoma betrachten…

Ich hoffe sehr, dass ich später, falls wir noch einen Sohn bekommen würden, auch einmal eine gute Beziehung mit meiner zukünftigen Schwiegertochter haben werde.

„Im Grunde ist die Sache doch ganz einfach. Freundlich, gelassen, großzügig, unaufdringlich – so sehen die idealen Großeltern aus.“ [43]

Wahrscheinlich wird auch das nicht so einfach funktionieren, sondern einen längeren Entwicklungsprozess durchlaufen. Ich wünsche mir dafür eine Beziehung, in der man respektvoll miteinander umgeht, authentisch und echt ist, die Grenzen des Anderen anerkennt und bei Konflikten miteinander redet, um sie zu lösen, so wie Oma Eva und ich das mittlerweile nun auch tun. Dabei werde ich die Werte, Prägungen und Lebensvorstellungen meiner zukünftigen Schwiegertochter hoffentlich akzeptieren, da mein Sohn hauptsächlich mit ihr zurechtkommen muss und nicht ich. Und ich würde mir wünschen, dass auch sie mich einmal um Hilfe bittet, und nicht nur ihre eigene Mutter um Rat fragt bezüglich Kindererziehung, Kinderkrankheiten und Co.

Zu guter Letzt: Man sollte nicht vergessen, dass die Schwiegermutter ihren Sohn geboren, aufgezogen und erzogen hat. Nur mit ihrer Hilfe ist er so geworden, wie er ist, wie man ihn gernhat und liebt…

Zauberformel der Ich-Botschaften

- Man spricht respektvoll aus der eigenen Perspektive im Sinne einer Selbstoffenbarung.
- Gestik, Mimik, Tonfall, Stimme und Sinn der Worte stimmen überein.
- Mit Ich-Botschaften werden die eigenen Gefühle, Stimmungen und Wünsche ausgedrückt.
- Durch die offene Gesprächsform wirkt die Situation oft deeskalierend, da man eben nicht beurteilt, verurteilt, zurechtweist, beschuldigt oder angreift.
- Eigene Gedanken/ Notizen:

  ____

  ____

  ____

  ____

So lang wie möglich zuckerfrei! Bitte!
(Fiona ist 2 Jahre und 1 Monat alt)

„Gesundheit ist die erste Pflicht im Leben."
Oscar Wilde (1854-1900)

Uns ist es wichtig, dass unsere Tochter ein starkes Bedürfnis entwickelt, sich gesund zu ernähren. Für uns heißt das: viel Gemüse, viel Vollkornprodukte, wenig Obst und keinen Haushaltszucker.

Die ersten eineinhalb Jahre hatte Fiona überhaupt keine Kontaktpunkte mit weißem Kristallzucker. Was war das für ein Kampf mit der gerne backenden Oma Eva, Bekannten oder den Apothekern und Drogerieverkäufern, die der Kleinen immer gerne einen Traubenzucker zusteckten! Und auch Freunde rümpften die Nase und zogen die Augenbrauen hoch über unser zuckerfreies Statement. Lange herrschte diesbezüglich kein Verständnis. Ich musste mir anhören, dass Fruchtzucker doch viel mehr Kalorien enthält und Fiona dafür dann später einen viel höheren Zuckerkonsum haben würde, weil sie doch dann den Bedarf nach Süßem nachzuholen hat! Doch glücklicherweise sind die Kämpfe nun rum und auch die gerne backende Oma respektiert unseren Wunsch. Nun backt Oma Eva für Fiona spitzenmäßige Stevia Plätzchen, oder Plätzchen mit getrockneten Früchten, die wir alle heiß begehren (Rezept siehe Seite 103).

Beschäftigt man sich einmal bewusst mit der Thematik, bekommt man dazu eine ganz andere Meinung: Wir

Deutschen essen pro Tag durchschnittlich etwa 90 Gramm Zucker, obwohl nur ein Drittel der Menge **als Obergrenze** der Weltgesundheitsbehörde empfohlen wird und das sind etwa sechs Teelöffel Zucker.[44]

Immer mehr Menschen erkranken an Diabetes, so wie auch meine Oma, die sich täglich eine Spritze geben muss, um den Blutzuckerspiegel zu senken. Und genau das wünsche ich meiner Tochter eben nicht.

Doch die Zuckerlobby ist groß. Süße Produkte lassen sich leicht verkaufen, sind oft billiger in der Herstellung und vor allem Kinder sind nun einmal ein leichtes Marketingziel. Das stellen wir auch immer wieder fest, wenn wir in den Supermarkt gehen…

Auch heute rannte Fiona wie eine Wilde quer durch den Supermarkt ohne Rücksicht auf Verluste, überhörte mein Rufen und lief zielgerichtet zur Kühltheke, wo sie vor den bunten Fruchtzwergen abrupt stehenblieb.

„Mama, haaaaben, ich will", bettelte sie und strahlte wie ein Honigkuchenpferd übers ganze Gesicht. Hochschwanger war ich vollkommen aus der Puste und betete, dass meine Fruchtblase intakt blieb.

„Fiona, ich habe dich gerufen, du sollst bei Mama bleiben", mahnte ich meine Tochter.

„Mama, haaaaben, ich will", rief sie erneut.

Bevor Fiona dies noch lauter und trampelnder forderte, versprach ich ihr, dass wir diese mitnehmen, wenn wir eben noch den Resteinkauf machen. Prinzessinnengetreu lief sie an meiner Hand und stellte die Fruchtzwerge später brav aufs Laufband der Kasse. Sie war sichtlich stolz, dass sie ihren Willen durchgesetzt hatte. Und ich war froh für den weiteren Einkauf ein so braves Mädchen dabei zu haben und trockenen „Schoßes“ wieder nach Hause zu kommen (das Baby kann nun jeden Moment kommen!).

Haben Sie schon einmal geschaut, wie viel Zucker in einem so kleinen Becher (50g) drin ist? 7,6g Zucker, das sind drei Stücke Würfelzucker! Um nicht gar ein zu schlechtes Gewissen meiner Tochter gegenüber zu haben, da sie bis dato kaum Süßigkeiten kannte, darf sie täglich einen „weniger süß“ Fruchtzwerg mit „nur“ zwei Würfelzuckerstückchen (6,4g Zucker) haben... Auf irgendetwas musste ich mich da einlassen, sonst würde Fiona ja später vielleicht ein immenses Verlangen nach Süßigkeiten haben (kommen wir zurück zu den schlechten Gewissen machenden „gut gemeinten Ratschlägen“...).

Bewährte Süßigkeiten-Tipps

- Schon bei Babynahrung auf zuckerfreie Produkte achten. Je später das Baby auf den „zuckersüßen“ Geschmack kommt, desto besser.
- *„Süßigkeiten sind nicht absolut verboten, sie sollten jedoch nicht mehr als 10 Prozent des Gesamtenergiebedarfs decken.“* [45]
- Zu viel Süßes kann Übergewicht und Karies verursachen.
- Gerade Großeltern verwöhnen die Enkel gerne und erfüllen sich selbst manchen Kindheitstraum. Freundlich, aber bestimmt sagen, dass ein

Oma-Enkel-/ Opa-Enkel- Kind-Tag kein Süßigkeiten-Fresstag bedeutet. Großeltern aber auch gewähren lassen und ihnen Vertrauen schenken.

- Süßigkeiten sollten nur in Ausnahmefällen als Trost, Belohnung oder Bestechung gegeben werden.
- Es ist immer besser, Süßes erst nach dem Essen als Nachtisch zu geben. Zusätzlich ist es eine gute Idee gleichzeitig auch Obst anzubieten, somit erscheinen die Süßigkeiten nicht allzu besonders.
- Ab einem bestimmten Alter (ab etwa 3-4 Jahren) sollten Süßigkeiten auch nicht vorenthalten werden (zum Beispiel wäre es gemein, wenn das Kind anderen Kindern im Kindergarten beim Kuchenessen zuschauen müsste).
- Nach dem Naschen Zähne putzen!
- Und auch hier bitte an die Vorbildfunktion denken!
- Eigene Gedanken/ Notizen:

____

____

____

____

Auf geht's! Der Blasensprung

(Fiona ist 2 Jahre und 1 Monat alt)

„Als du geboren wurdest, war ein regnerischer Tag.
Aber es war nicht wirklich Regen,
sondern der Himmel weinte,
weil er einen Stern verloren hat."
Antoine de Saint-Exupéry (1900-1944)

Mitte November hatte ich einen wunderschönen roten Babystrampler mit einem Weihnachtselch drauf gefunden, doch den gab es nur noch in Größe 50 (= Kleidung in dieser Größe ist für zarte Neugeborene).

Den muss ich unbedingt haben, den könnte es dann an Weihnachten tragen, dachte ich und kaufte ihn.

Da Fiona drei Wochen vor ihrem errechneten Termin zur Welt kam, dachte (und hoffte) ich, dass das Baby bestimmt noch früher kommen würde.

Ha, falsch gedacht!

An den Weihnachtsfeiertagen passierte rein gar nichts, und an Silvester auch nicht...

Wir hatten es so organisiert, dass Oma Eva bei den ersten Geburtsanzeichen zu uns kommen würde. Seit Tagen war sie am Handy erreichbar und einsatzbereit.

Beim gestrigen Mittagsschlaf, den ich seit Wochen wegen Müdigkeit zusammen mit Fiona vollzog, bekam ich einen Blasensprung. Aufgeregt rief ich Oma Eva an, die glücklicherweise, wie vereinbart, auch direkt ans Telefon ging.

„Ja, ich bin schon auf dem Sprung. Ich freue mich, bleib ganz ruhig“, rief sie und war bald darauf auch da. Ich liebe es, wenn auf Leute Verlass ist!

Nur bei den Wehen tat sich nichts. Ich war so aufgeregt und voller Vorfreude auf die Geburt, dass ich noch die Mondscheinsonate von Beethoven am Klavier spielte, was die Wehentätigkeit leider auch nicht förderte, mich innerlich jedoch zumindest ein wenig beruhigte. Trotzdem lief ich tropfend und wie ein aufgescheuchtes Huhn umher, und brachte Ralph und Fiona ziemlich durcheinander.

„Oma Eva kommt gleich, Fiona, dann passt sie auf dich auf. Und Mama und Papa fahren gleich ins Geburtshaus. Vielleicht kommt heute das Baby!“

Fiona freute sich, tanzte um meinen Bauch herum und liebkoste mich.

Genau zwölf Stunden nach dem Blasensprung, in der wir zwischen unserer Wohnung und dem Geburtshaus hin und her gependelt waren, weil die Wehentätigkeit weiterhin ausblieb, ging es dann nachts richtig los...

Bewährte Tipps für die Vorbereitung aufs Geschwisterkind

- Zusammen mit dem Erstgeborenen Bilderbücher (zum Beispiel „Hallo kleines Geschwisterchen“, „Hurra, mein Geschwisterchen“, „Mama, Papa, ich und du“, „Unser Baby“) zum Thema Geschwister anschauen, um es mit der bevorstehenden Situation vertraut zu machen.

- Verwandte, Freunde und Bekannte zuvor bitten, sich nach der Geburt bewusst ums Erstgeborene zu kümmern, ihm etwas zu schenken und ihn als Mittelpunkt zu betrachten, um Rivalität vorzubeugen.
- Dem Kind zum Beispiel eine Puppe schenken, damit es auch ein Baby hat und es bemuttern kann.
- Eigene Gedanken/ Notizen:

  ____

  ____

  ____

  ____

Liams Geburt
(Fiona ist 2 Jahre und 1 Monat alt)

„Elternsein
kann die schönste Erfahrung des Lebens sein.
Doch ein Kind zu erziehen
ist eine der kompliziertesten, zeitaufwendigsten, erschöpfendsten und herausforderndsten
Aufgaben überhaupt.“
Elizabeth Pantley

Ein Junge! Wir haben einen Jungen bekommen! Ausgestattet mit gut funktionierenden Sinnesorganen ist unser Liam auf die Welt gekommen, 14 Tage vor seinem errechneten Geburtstermin.

Schon im neunten Monat fühlte ich mich ausgesprochen dick, unbeweglich, unwohl und dauermüde.

Wie sollte ich das denn bloß noch einen Monat aushalten!?, dachte ich immerzu.

Doch nun hatte die Geburt wirklich geklappt im Geburtshaus! Neben einem bis zu den Presswehen ziemlich gelassenen Ralph, drei Salzlampen, fünf Kerzen, meinem Getöse und Gestöhne haben mich zwei Hebammen unterstützt, mein Baby an so einem tollen Ort ohne ärztliche Hilfe auf die Welt zu bringen.

Was bin ich froh, meinen Mann bei beiden Entbindungen dabei gehabt zu haben. Ich finde es gar nicht entwürdigend, dass er mich in dem Geburtszustand gesehen hat, sondern betrachte das Geburtserlebnis als gemeinsame Aufgabe.

Meine Oma erzählt noch heute, dass mein Opa bei der Geburt nicht dabei sein durfte, aus gesellschaftlichen und konservativen Gründen. Mit Wehen setzte er seine Frau vor der Kreißsaal-Tür ab- unvorstellbar für mich in der heutigen Zeit.

„Das war ja wirklich eine Traumgeburt“, schwärmten die Hebammen, konnten mich davon aber nicht überzeugen, denn die Schmerzen hatten ja schließlich nicht sie gehabt.

Knapp drei Stunden nach der Geburt durften wir drei wieder nach Hause, was wir auch kaum erwarten konnten. Ich hatte keine nennenswerten Geburtsverletzungen erlitten und lief voller Stolz (zwar langsam, aber sicher) zum Auto und Ralph musste mich davon abhalten, Liam zu tragen (was aber auch wirklich besser so war).

Zu Hause kuschelten Ralph und ich uns mit Liam dann ins Bett. Ich blieb noch ewig wach und betrachtete unser zweites winziges Wunder, auf das ich neun Monate gewartet habe.

Wir konnten es kaum abwarten, bis Fiona endlich aufwachte, um ihren Bruder kennenzulernen, zu erleben und zu berühren. Bisher war es ja nur ein Baby in meinem Bauch gewesen und nun hatte sie ein Geschwisterchen bekommen! Als Fiona sich morgens (ausnahmsweise endlich) meldete („Mama?“), holte Ralph sie zu uns ins Bett.

„Das Baby ist nun da Fiona. Du bist nun große Schwester. Schau mal, das ist dein kleiner Bruder“, erklärte er ihr. Vorsichtig kletterte sie über mich und betrachtete ihren von der Geburt noch zerknautschten Bruder.

„Beeeeebi", meinte sie und streichelte ihn unsanft (aber für eine Zweijährige schon recht feinfühlig) mit ihren Patschhänden.

„Gaaanz vorsichtig, Schatz", sagte Ralph.

Wir mussten uns sehr zurückhalten, da eine Zweijährige noch nicht die Feinmotorik eines Erwachsenen hat… Ich biss mir auf die Zunge.

Marie, dieser erste Moment ist ganz wichtig für Fiona und uns als Familie, damit sich eine vertraute Verbundenheit entwickeln kann. Lass sie ihn ruhig so streicheln, so zerbrechlich ist er schon nicht, dachte ich und wollte den Zauber nicht brechen, indem ich sie zurechtwies, noch viel zarter zu sein.

Liam ließ alles ohne mit der Wimper zu zucken über sich ergehen und schlief erschöpft vom Geburtsspektakel weiter. Nun war es offiziell, dass Fionas Exklusivrecht an Mama und Papa erloschen ist…

Hoffentlich fühlt sie sich nicht allzu sehr benachteiligt, dachte ich wehmütig.

Im nächsten Moment erinnerte Fiona sich daran, dass Oma Eva ja auch noch da war, ließ ihren neugeborenen Bruder links liegen und machte sich voller Vorfreude auf die Suche nach ihrer geliebten Oma…

Bewährte Tipps für den Umgang mit dem Älteren Kind nach der Geburt

- Das Ältere bei der Babypflege und -versorgung unbedingt miteinbeziehen.
- Wenn das Kind selbst wieder Baby spielt, Verständnis zeigen und fürsorglich „mitspielen“. Irgendwann wird auch das wieder aufhören.
- Daran denken, dass das große Kind eben auch noch ein KIND ist. Nicht zu viel von ihm erwarten!
- Dem Älteren immer wieder bewusst ungeteilte Aufmerksamkeit widmen, damit es merkt, dass Sie es immer noch so liebhaben.
- *„Das Kind braucht Verständnis für seine neue Position in der Familie.“* [46]
- Körperliche Übergriffe aufs Baby konsequent unterbinden. Kam es zu Übergriffen bestimmt sagen, dass man sich gegenseitig nicht verletzt, weil es weh tut.
- Eigene Gedanken/ Notizen:

  ____

  ____

  ____

  ____

2. Mal Wochenbett

(Fiona ist 2 Jahre und 1 Monat alt, Liam ist drei Tage alt)

„Überständ ich doch
weit lieber Dreimalige Feldschlacht
als ein einzig Wochenbett."
Euripides (480-485/484 v. Chr.)

Dieses Mal wusste ich ja, was auf mich zukommt. Mein hormonelles Gleichgewicht müsste ich schnell wiedererlangen und die Gebärmutter hat sich auch letztes Mal gut und schnell zurückgebildet.

Dieses Mal sind wir noch besser vorbereitet auf die Zeit im Wochenbett.

Hahaaaa, was für ein voreiliger Trugschluss…

Zuerst war meine Schwiegermutter da, verwöhnte uns mit leckerem Essen, umsorgte Fiona und bestaunte ihren neugeborenen Enkel. Sie konnte gar nicht glauben, dass es für eine Frau möglich ist, schon drei Stunden nach der Geburt wieder nach Hause zu gehen. Ja, das geht wirklich, aber auch nur, wenn man dann gut gepflegt wird und sich größtmöglich aus dem Alltag zurücknehmen kann und sich schont. Und das im Bett.

Zwei Tage später wurde Oma Eva von meinen Eltern abgelöst, da sie wieder arbeiten musste und schließlich meine Eltern ihren Enkel auch willkommen heißen und uns besuchen wollten.

Am Tag nach der Geburt versuchte Ralph die typischen bürokratischen Botengänge zu erledigen und wollte Liam beim Standesamt und Einwohneramt anmelden sowie den Elterngeldantrag stellen, doch brauchte dazu erst die Geburtsurkunde. Also war seine Abwesenheit umsonst gewesen, was mich ärgerte. Das Wochenbett ist wirklich eine Zeit der überschwänglichen Liebe, doch auch der Sorge um das verletzliche, kleine Baby.

Zwei Tage nach der Geburt wollte Ralph mit meinem Vater, der Elektriker ist, noch am Haus seiner Großeltern etwas erledigen. So kam es, dass Fiona, meine Mutter, Liam und ich für sieben Stunden alleine waren. Fiona war ganz aufgeregt, wollte viel beschäftigt werden und forderte meine Mutter ganz schön. Oma Biene fragte am späten Nachmittag mittlerweile auch schon nervös, wann die Männer denn wohl vorhaben, wiederzukommen.

Langsam aber sicher war ich sauer auf Ralph. Richtig sauer! Schließlich hatte er vor zwei Tagen erst meine starken Schmerzen und die Kraft der Geburt miterlebt. *Hatte er das schon wieder vergessen??*

Ich wollte von ihm umsorgt werden, statt, dass er etwas für andere verrichtet. In einem aufkommenden Gefühlstsunami rief ich ihn zischend an und fragte, wann er denn vorhabe, wiederzukommen.

„Maus, wir wollen gleich los, nur leider hat es nicht so geklappt, wie wir wollten. Wir mussten zum Baumarkt, und…“ ich würgte ihn ab und schrie ins Telefon, dass er Vater und nicht Baustellenleiter geworden ist und sich gefälligst um mich, Fiona und seinen Sohn kümmern soll.

Eine Stunde später waren Ralph und Opa Rainer endlich wieder da. Ralph brachte mir mit sichtbar schlechtem Gewissen eine große Tasse Tee ans Bett. Verheult erklärte ich ihm, dass er doch für mich da sein sollte.

„Der Laufstall fehlt immer noch. Du wolltest ihn schon letzte Woche holen. Kannst du den nicht noch heute besorgen?“, fragte ich Ralph.

Wir wollten den Laufstall einer Freundin abkaufen, die nur zehn Minuten Fahrzeit entfernt wohnt. Natürlich erklärte Ralph sich bereit, ihn abzuholen. Als er nach zwei Stunden immer noch nicht zurück war, platzte mir der Kragen. Ich machte mir Sorgen, schließlich sollte er doch nur den Laufstall holen.

War etwa was passiert?

Wieder rief ich ihn an, obwohl ich so ein Nachspürverhalten total ätzend finde. Aber die Wochenbettzeit zeigte mir mal wieder die Klaviatur meiner Emotionalität…

Nach dem ersten Klingeln ging Ralph ans Telefon.

„Ich bin auf dem Weg, Maus, ich trinke eben noch mein Glas leer und“, wieder unterbrach ich ihn und schrie „Sieh zu, dass du zurückkommst, du Ar***!“ ins Telefon und legte auf.

Glas leer trinken? Hallo? Das klingt sehr nach einem Pläuschchen, was du da gerade MIT MEINER Freundin abhälst, während ich hier fast verblutend zu Hause im Bett festhocke. Sag mal, versucht er vor der neuen Situation zu fliehen? Ist ihm das zu viel Verantwortung?

Ich war stinkesauer auf Ralph, dass er mich schon wieder stundenlang alleine zurückließ und auch auf meine Freundin, die ihn ausfragte, statt ihn schnell wieder zu mir zu schicken.

Das lasse ich mir nicht bieten, dachte ich und marschierte zielstrebig zur Wohnungstür, in die ich meinen Schlüssel steckte, sodass man von außen keine Chance hatte, reinzukommen.

Nach nur zehn Minuten hörte ich Ralph am Türschloss herumfummeln. Er bemerkte, dass irgendwas nicht stimmte und klingelte dann zaghaft. Wie eine Furie riss ich die Tür auf und kreischte: „Hier kommst du nicht rein, hier ist nur Platz für Menschen, die sich um ihre Kinder und Frau kümmern. Fahr doch wieder in den Baumarkt!“, schmiss die Tür wieder zu, aber zog meinen Schlüssel aus dem Türschloss, sodass Ralph mit seinem Schlüssel dann hereinkommen konnte. Da waren einige Sicherungen bei mir durchgebrannt und Gelassenheit war ein völlig fremder Begriff für mich.

Nach diesem Vorfall verlief das Wochenbett ein bisschen anders, so, wie man es sich als Frau von einem Mann wünscht…

Informationen: Womit wir so unseren Tag verbringen

Das statistische Bundesamt (i-Punkt) führte 2012/ 2013 eine Zeitverwendungserhebung[47] über die Aktivitäten und Tagesabläufe von Menschen durch. Detailliert wurden dafür Menschen ab zehn Jahren befragt und Mittelwerte von Jung und Alt, Männern und Frauen, Erwerbstätigen und Arbeitslosen über Werktage und Wochenenden gebildet. Die Ergebnisse (2015) zeigen, dass ein Durchschnittsmensch zu einem Viertel eines 24-Stunden-Tages mit Erwerbstätigkeiten und Bildung (3,16) sowie unbezahlter Arbeit (3,18) verbringt, über neun Stunden (9.31) täglich schläft, was auch die Körperpflege miteinbezieht, knapp 1,43 Stunden isst und trinkt, und beinahe sechs Stunden (5,57) verschiedenen Freizeitaktivitäten nachgeht.

Erst hatte Marie gedacht, dass Eltern vielleicht bei der Befragung vergessen wurden. Doch nachdem sie sich weiter in die Materie eingelesen hat, stellte sie einen wesentlichen Unterschied bei den täglichen Aktivitäten bezüglich der Anwesenheit von Kindern im Haushalt fest: Insgesamt verbringen Eltern täglich mehr als ein Drittel ihrer Zeit für Kinderbetreuung mit Beaufsichtigung und Pflege und leisten pro Woche knapp 58 Arbeitsstunden pro Woche (das sind zehn Stunden mehr Arbeit als Personen ohne Kinder). Und wie bereits erwähnt, investieren Frauen durchschnittlich 164 Minuten am Tag mit Waschen, Putzen, Einkaufen, wohingegen Männer das gerade einmal 90 Minuten tun. Außerdem verbringen Mütter zehn Stunden mehr mit unbezahlter Arbeit sowie sechs Stunden weniger mit Erwerbsarbeit, wenn ihr Kind noch nicht in die Schule geht.

Das nur mal so am Rande…

Eigene Gedanken/ Notizen:

Das Leben mit zwei Kleinkindern
(Fiona ist 2 Jahre und 2 Monate alt, Liam ist 2 Wochen alt)

„Wer A sagt, der muss nicht B sagen.
Er kann auch erkennen, dass A falsch war.“
Bertolt Brecht (1898-1956)

Ich war heilfroh, dass Ralph nach der Geburt vier Wochen Elternzeit beantragt hat, damit wir als Familie Zeit haben, zusammenzuwachsen.

Sich der Herausforderung zu stellen, von einem Tag auf den anderen ein zweites Kind zu versorgen und das erste dabei nicht zu vernachlässigen, stellte sich wirklich als sehr schwierig heraus. Von nun an war Fiona nicht mehr der Mittelpunkt des Universums, sondern teilte sich den Titel mit ihrem neugeborenen Bruder. Nein, das ist nicht wahr- Liam forderte sein Überlebensrecht mit vollem (Lungen-)Einsatz ein und Fiona rückte zumindest für die ersten Wochen aus dem Mittelpunkt heraus.

Die Nächte waren nun wieder durchzecht und tagsüber war ich sehr froh, wenn Liam schlief, sodass ich mich einigermaßen regenerieren konnte.

Liebevoll hätte ich ihn gerne stundenlang beobachtet (zum Beispiel seinen nuckelnden Mund, der an einer imaginären Flasche saugt) und mit ihm gekuschelt, wie ich es damals nach der Geburt mit Fiona machen konnte, doch natürlich fand Fiona das nicht so toll und wollte auch meine Aufmerksamkeit…

Beim ersten Kind konnte ein Elternteil immer entspannen, während der andere sich um Fiona kümmert. Nun ist eine Eins-zu-eins-Betreuung angesagt, was bedeutet, dass momentan keinerlei Zeit für alleinige Freizeit ist. Trotz meiner ganzen Baby-Euphorie war ich in manchen Augenblicken völlig überfordert. Man kann beiden eben nicht immer die gewünschte Aufmerksamkeit geben, obwohl man das gerne tun würde. Und oft ist es Fiona, die darunter leiden muss, wenn ich vom durchlöcherten Schlaf zu müde bin, um mit ihr ein Buch anzuschauen. Da übernimmt dann Ralph, womit Fiona aber eben nicht immer einverstanden ist.

Total niedlich finde ich, wenn Fiona immer schnell zu Liam rennt, wenn er weint. Dann möchte sie ihn trösten und liebkosen, so wie wir Großen das mit ihm machen.

Bis Ralph und ich ein eingespieltes Team sind und mit Leichtigkeit Routine in unseren vierköpfigen Alltag bringen, dauert es glaube ich noch einige Wochen oder Monate…

Bewährte Tipps für die erste Zeit zu viert

- Auch nach der zweiten Geburt braucht der weibliche Körper sehr viel Ruhe, liebe Väter! Meist sind die Nachwehen durchaus kräftiger und anstrengender als nach der ersten Geburt.
- Der Vater sollte sich in der ersten Zeit bewusst besonders viel um das große Kind kümmern, damit es sich nicht zurückgesetzt fühlt.

- Die Zeit, die man als Mutter im Wochenbett mit dem großen Kind verbringt, sollte sehr intensiv sein. Während das Neugeborene schläft, ist dies eine besonders gute Zeit, um mit dem Erstgeborenen Bilderbücher anzuschauen und zu kuscheln.
- Das große Kind immer wieder altersgerecht bei der Babypflege miteinbeziehen, sodass es sich als Familienmitglied gebraucht fühlt. Ihm sehr viel Liebe, Nähe und Wertschätzung geben, denn das braucht es, um sich an die neue Familiensituation zu gewöhnen.
- Auch als Eltern viel miteinander kuscheln und liebevoll miteinander umgehen!
- Wir achten sehr darauf, dass Fiona nicht mit Liam alleine ist, weil sie ihn unabsichtlich verletzen könnte.
- Eigene Gedanken/ Notizen:

  ____

  ____

  ____

  ____

Kinderarzt und das Fieber
(Fiona ist 2 Jahre und 2 Monate alt, Liam ist 3 Wochen alt)

„Das Gefühl von Gesundheit erwirbt man sich von Krankheit.“
Georg Christoph Lichtenberg (1742-1799)

Schon drei Wochen nach Liams Geburt mussten wir mit ihm zum Kinderarzt. Fiona hatte mal wieder irgendeine Krankheit aus der KiTa aufgeschnappt. Es war natürlich Wochenende und somit waren wir gezwungen, den kinderärztlichen Bereitschaftsdienst aufzusuchen. Also mal wieder eine gute Gelegenheit einen neuen Kinderarzt kennenzulernen! Hurra!

In nur viereinhalb Monaten KiTa-Zeit wurden wir schnell Dauergast beim Doktor. Wir waren in diesen Monaten so oft beim Kinderarzt, wie in den ersten beiden Lebensjahren, inklusive Vorsorgeuntersuchungen zusammen nicht. Viermal hatte Fiona während der KiTa-Zeit eine obstruktive Bronchitis, dreimal einen Magen-Darm-Infekt, eine Mittelohrentzündung (die mit Antibiotikum behandelt werden musste), ein paarmal Fieber ohne ersichtlichen Grund, einmal die abgeschwächte Form der Hand-Mund-Fuß-Krankheit, zusätzlich entwickelten sich Pseudokruppanfälle und nun hatten wir alle mal wieder einen grippalen Infekt. Mittlerweile ist es so weit, dass uns keiner aus dem Bekanntenkreis mehr besuchen will.

„Na, was macht das Krankenlager? Wir würden euch gern besuchen, aber nur, wenn ihr wieder gesund seid", oder: „Wie geht es denn den Patienten? Sonst verschieben wir unseren Besuch lieber aufs nächste Wochenende. Wir wollen uns nicht anstecken" sind Beispiele der letzten SMS-Kommunikationen mit unseren Bekannten. Nur die hartgesottenen Omas und Opas besuchen uns noch voller Tatendrang, spätestens, wenn wir wieder fit sind ☺

Zurück zum grippalen Infekt. Aus Angst neue gefährliche Viren und Bakterien im schwülwarmen Klima der Arztpraxis einzufangen, versuchen wir das Wartezimmer ganz und gar zu meiden und halten uns so lange wie möglich in der Nähe der Praxis auf. Doch diesmal hatte es uns alle heftig erwischt. Uns lief die Nase, wir fühlten uns schlapp inklusive Gliederschmerzen und husteten kräftig. Doch ausgerechnet Liam hatte es besonders schwer getroffen.

Der Kinderarzt, homöopathisch ausgerichtet, betrachtete ihn entsetzt. Liam hatte erhöhte Temperatur und nachdem er ihn abgehört hatte und die Tests ausgewertet waren, berichtete der Doktor, dass Liam kurz vor einer Lungenentzündung stünde: Mittlere Befallstufe von Staphylokokken aureus und höchste Stufe von Streptokokken pneomonia (Bakterien) und dies, obwohl er gestillt wird und eigentlich noch den Nestschutz haben sollte... Wohl oder übel bekamen sowohl Fiona, als auch Liam ein Antibiotikum verabreicht. Ich war völlig fertig.

Der frisch geborene Liam müsste doch Nestschutz haben!? Und wie kann es sein, dass Fiona, die ein Jahr gestillt wurde, 1 ½ Jahre absolutes Zuckerverbot hatte, schon früh gerne viel frisches Gemüse und Obst aß und in den ersten beiden Lebensjahren ein gesundes Kind war, nun beinahe dauerkrank ist??

Zwar steht überall, dass bis zu zwölf Infekte bei Kleinkindern normal seien, doch diese Anzahl haben wir schon längst überschritten...

Ich muss ehrlich sagen, dass die Lebensqualität durch diese eingeschleppten Krankheiten (und es war noch nicht einmal eine echte Kinderkrankheit, wie etwa Windpocken dabei) bei uns allen erheblich abgenommen hat. Man muss dem lang angekündigten Verwandtschaftsbesuch, auf den man sich schon Wochen gefreut hat, absagen und mal wieder ein einsames Wochenende verbringen mit kränkelnden Kindern, durchzechten Nächten und eigenem angeschlagenem Körperbefinden. Und auch psychisch leidet Fiona sehr, da sie eigentlich gerne in die KiTa geht...

Während unseres Kinderarztbesuches erzählte uns der Kinderarzt wütend, dass viele Eltern morgens ihren kranken Kindern Fiebersaft geben würden und sie dann mit „versteckten“ Fieber in die KiTa brächten, wo sie dort dann weitere Kinder ansteckten.

Doch was bleibt den berufstätigen Eltern eines scheinbar harmlos „an Fieber“ erkranktem Kind anderes übrig, wenn die Großeltern weit weg wohnen, als es in die KiTa zu stecken... Pro Jahr haben Festangestellte, die gesetzlich versichert sind, Anspruch auf Freistellung für die Betreuung ihres kranken Kindes (unter zwölf Jahre) für zehn Arbeitstage, wenn ein ärztliches Attest vorliegt.[48]

Ich hätte die Freistellungstage gleich in den ersten eineinhalb KiTa Monaten aufgebraucht, doch Gott sei Dank befinde ich mich in der Elternzeit und muss die Krankheitstage meiner Kinder niemanden melden. Obwohl ich insgeheim oft gerne mal einen Verantwortlichen der Gesundheitsbehörde in unserer Kindertagesstätte sähe...

Bei einigen ansteckenden Krankheiten (siehe Infektionsschutzgesetz), wie etwa Masern, Scharlach, Windpocken, dürfen Kinder die KiTa nicht besuchen.

Ich finde es entsetzlich, was für Rotz-, Triefnasen- und Dauerhuster-Kinder dort in der KiTa herumlaufen, doch eine infektfreie KiTa wird es wohl nie geben können. Zudem ist die Auseinandersetzung mit den verschiedensten Krankheitserregern ja auch wichtig für die Körperabwehr der Kinder, um das Immunsystem zu trainieren.

Doch in dem Maße, wie es bei Fiona der Fall ist, ist es nicht nur unserer Meinung sowie der Meinung von zwei Kinderärzten, nicht mehr vertretbar. Sie leidet mehr an den Krankheiten, als dass sie Spaß in der KiTa hat (und sie geht doch so gerne!). Bereits nach der dritten obstruktiven Bronchitis (in neun Wochen) riet uns die Kinderärztin, Fiona aus der Kindertagesstätte abzumelden, da sie nun hochgradig gefährdet für Asthma sei.

Trotzdem brachten wir Fiona, nachdem sie augenscheinlich auskuriert war, wieder hin. Nach der vierten obstruktiven Bronchitis und den soeben anderen aufgezählten Krankheiten entschlossen wir uns nun, Fiona die nächsten drei Monate zu Hause zu lassen, sodass sich ihr überstrapaziertes Immunsystem richtig erholen kann. Der Kinderarzt, den wir nach Liams Geburt bezüglich des kinderärztlichen Bereitschaftsdienstes am Wochenende kennenlernten, schrieb für Fiona ein Attest:

„Die klinischen Untersuchungen zeigen bei Fiona remittierende respiratorische Infektionserkrankungen mit ausgeprägter klinischer Symptomatik und langandauerndem Krankheitsverlauf – aufgrund der remittierenden systemischen Infektionskrankheiten herrscht eine deutliche Beeinträchtigung der Stabilisierung und Konsolidierung des Immunsystems. Aufgrund der progredienten klinischen und respiratorischen Erkrankungen im Rahmen der beginnenden Integration Kindertagesstätte wird kinder- und jugendärztlicherseits dringlich empfohlen, Fiona zur Stabilisierung des Immunsystems und vollständiger Rückbildung der respiratorischen Erkrankungssymptomatik für die Zeitdauer [von drei Monaten] von der Kindertagesstätte freizustellen."

Aha. Glücklicherweise hat der Kinderarzt uns erklärt, was diese Fachsimpelei bedeutet.

Aber was heißt das genau für mich?

Dass ich die nächsten drei Monate doch keine Entlastung bei der Betreuung meiner Tochter erfahre und uns lieber mal eine Beschäftigung suche, bei der wir beide Spaß haben und uns nicht gegenseitig auf die Nerven gehen…

Wir hofften unsere monatlichen Beiträge in der Kindertagesstätte erstattet zu bekommen, wenn Fiona eben zu Hause blieb. Leider mussten wir trotzdem zahlen, da wir den Platz ja behalten wollten. Man kann das aus Sicht der KiTa verstehen, doch für uns war das finanziell eine sehr unglückliche Lage: Man zahlt Geld für einen Betreuungsplatz, doch das Kind kann aus gesundheitlichen Gründen nicht dorthin.

Ich hatte es gehasst Fiona bis neun Uhr morgens zur Krippe bringen zu müssen, da sie gerne bis acht Uhr oder länger schläft. Seither habe ich die entspannte Atmosphäre am Morgen mit Fiona und Liam im Bett, wo wir zusammen langsam wach werden, kuscheln, lachen und Bilderbücher lesen, und erst dann aufstehen, wenn einem von uns der Magen knurrt, absolut genossen.

Muss man die Kinder schon unnötig so früh stressen?

Bei uns gab es bisher kaum morgendlichen Stress, da ich, glücklicherweise, keinen beruflichen Zeitdruck habe. Ich halte es für wichtig, Fiona in ihrem eigenen Rhythmus schlafen zu lassen, damit sie am Tag ausgeglichen(er) ist. Der Ernst des Lebens mit all seinen Verpflichtungen beginnt früh genug zum Schulanfang.

In den folgenden Wochen stellte ich fest, dass die Kinderkrippe unsere Tochter sehr geprägt hat. Ihren heißgeliebten „Moooorgenkreeeeeeiiiiiiis“ mussten wir nun alltäglich mit Puppen, Teddybären und Häschen nachstellen, „Häschen in der Grube“ singen und herumhüpfen. Bisher hatte ich der KiTa allgemein recht kritisch bezüglich Entwicklungsmöglichkeiten gegenübergestanden. Doch ich gestehe, dass Fiona dort viel dazugelernt hat, vor allem musikalisch.

Um zum Fieber zurückzukehren: Alle schlechten Dinge haben auch etwas Gutes. Und das Gute beim Kranksein ist die Zeit füreinander!

Bewährte Verhaltenstipps bei Kinderkrankheiten

- Liebevolle Rituale wirken heilend. Kranke Kinder benötigen und wünschen sich dann besondere Zuwendung.
- Sich bewusst sagen, dass das wieder einmal nur eine Phase ist, bei der man die eigenen Bedürfnisse wegschieben muss. Das kranke Kind steht jetzt an erster Stelle. Diese Phase geht auch wieder vorüber.
- Verwöhnende Rituale für kranke und verletzte Kinder:
    - Dem Kleinkind ein besonderes Essen zubereiten, das es gerne mag.
    - Sich Zeit nehmen und zusammengekuschelt im Bett vorlesen. Ganz viel und lange.
    - Bei älteren Kindern: Kindermusik, Hörspiele, ruhige, kreative Basteleien, Fotos von früher angucken, Kasperltheater vorspielen usw.
- Eigene Gedanken/ Notizen:

  ____

  ____

Drei kleine Kinder

(Fiona ist 2 Jahre und 2 Monate alt, Liam ist 4 Wochen alt)

„Erfahrungen vererben sich nicht.
Jeder muss sie allein machen."
Kurt Tucholsky (1890-1935)

Etwa vier Wochen nach Liams Geburt kamen mein ältester Bruder mit seiner Frau und Tochter Mia (1 Jahr und zwei Monate) für zwei Übernachtungen zu uns.

Danach fühlte ich mich, als hätte ich einen ganzen Kindergarten mit 24 Kindern, die eine Tortenschlacht gemacht haben, beaufsichtigen und anschließend reinigen müssen.

Für die zwei Übernachtungen gab es nach dem Besuch dann die typische Anzahl an Handtüchern und Bettwäsche zu waschen. Außerdem mussten wir das überall ausgeräumte Spielzeug wieder zusammensuchen und einsortieren.

Fiona schaffte es, Mia jedes einzelne Spielzeug und Buch in unserer Wohnung zu zeigen und in einen anderen Raum zu tragen, wo es dann nach einigen Minuten (oder gar nur Sekunden) wieder achtlos auf den Boden geworfen wurde.

Doch die größte Baustelle war: Die Küche!

Das Besondere an dieser Familie ist, dass Mias Mama Vera aktuell überzeugte vegane Rohköstlerin ist. Mia wird nur mit frischem Biogemüse, welches in allen erdenklichen Arten und Weisen geraspelt, geschnitten, zerkleinert und gehäckselt wird (zusätzlich dann noch etwas Mandelmus und Kokosmus), gefüttert. Und das bekommt ihr sehr gut, denn sie gedeiht wirklich prima!

Überall lagen verschiedene Messer, Brettchen, Reiben, Mixbehälter und Gemüseschnipsel herum. Wenn man den Eltern beim „Kochen“ zuschaut, überkommt einen beinahe auch deren Ruhe, Gelassenheit und Überzeugung beim Zubereiten und leider auch, dass man sich selber dagegen ein wenig dumm vorkommt. Mein Bruder schaffte es in 45 Minuten einen Demeter 125g Salat-Mix, Blatt für Blättchen, sorgfältig zu waschen.

Was mich neben der Achtsamkeit sehr neidisch machte: Mia akzeptiert diesen Zeit- bzw. Kochaufwand der Eltern auch bei sich zu Hause und beschäftigt sich dann brav alleine.

Mein Töchterchen hingegen kann es noch nicht einmal haben, wenn ich für fünf Minuten verschwinde, um einen Tee und eine heimliche „Nervennahrung“ a la Schokoriegel zu mir zu nehmen...

Ende von Ralphs Elternzeit
(Fiona ist 2 Jahre und 2 Monate alt, Liam ist 5 Wochen alt)

„Inmitten der Schwierigkeiten
liegt die Möglichkeit."
Albert Einstein (1879-1955)

Heute ist Ralph wieder arbeiten. Der erste Monat seiner zweimonatigen Elternzeit ist zu Ende (den zweiten Monat nimmt er im Sommer) und er hat seinen beruflichen Alltag zurück.

Und ich, bin ich neidisch?

Ich muss mich der Herausforderung stellen, ein Kleinkind in der Trotz-, Durchsetzungs- und „ich-mach-das 'lleine!"-Phase sowie ein Baby ganz ohne Ralphs Hilfe in Vollzeit zu betreuen.

Und ich freue mich darauf! Gleichzeitig komme ich bei dem Gedanken aber auch ganz schön ins Schwitzen. Schon in den letzten Tagen und Wochen war mir mulmig zumute, wenn ich daran dachte. Und nun ist es so weit!

Das mulmige Gefühl verging schnell, aber das Schwitzen blieb. Nachdem Ralph nur zehn Minuten weg war, sprang Fiona voller Energie in der Wohnung herum und machte keine Anstalten zu Mittag zu essen, oder ihren Mittagsschlaf abzuhalten. Das Mittagessen stand dampfend auf dem Tisch und sollte die nächsten Stunden leider auch von mir unberührt bleiben.

Vielleicht hätten wir unsere Tochter doch besser Pippilotta Viktualia Rollgardina Pfefferminz

Efraimstochter Langstrumpf nennen sollen, denn gefühlt tanzte sie auf dem Tisch herum. Und Liam hatte nichts Besseres zu tun, als lautstark seine Bauchschmerzen kund zu tun.

Ok, ich befinde mich mitten in der Rushhour meines Lebens, redete ich mir ein.

Ich kann mich nicht zweiteilen, aber ich kann ruhig und geduldig bleiben.

Das zahlte sich dann auch aus.

Irgendwann schaffte ich es Fiona für ihren Mittagsschlaf ins Bett zu bringen und Liam war bald auch wieder bauchschmerzfrei.

„Kinder brauchen Eltern, die eine klare Haltung einnehmen und ihre Grenzen wertschätzend deutlich machen. Nur so können Kinder auch ihre Grenzen kennenlernen und sich selbst als wertvoll erleben.“ [49]

Diesen Spruch nehme ich mir sehr zu Herzen.

Tipps: Warum Elternzeit so wertvoll ist

- Kein Geld der Welt kann die gemeinsame Familienzeit ersetzen.
- Durch das Dasein meiner Kinder erlebe ich die wunderbarsten Lebensmomente. In der Elternzeit habe ich meine physischen und psychischen Stärken und Schwächen noch besser kennengelernt.

- Täglich arbeite ich an meiner Aufmerksamkeit und Geduld und bin immer wieder freudig überrascht von der außergewöhnlichen Liebe meiner Kinder (nasse Küsse, Umarmungen, Kuscheln) und dem damit empfundenen Glück.
- Und auch an Ralph merke ich emotionale Veränderungen. Er ist viel zugänglicher, liebevoller und offener im Umgang mit seinen Gefühlen geworden, seitdem er Vater ist.
- Eigene Gedanken/ Notizen:

  ____

  ____

  ____

  ____

Einkaufen im Supermarkt mit zwei Kleinkindern
(Fiona ist 2 Jahre und 3 Monate alt, Liam ist 9 Wochen alt)

„Zu viele Verbote fordern letztendlich nur noch mehr Widerstand heraus. Das Kind wird immer weniger bereit sein, Ihre Neins zu akzeptieren. Es wird sich ausgegrenzt fühlen und Widerstand leisten, letztendlich fühlt es sich als Person abgelehnt. Wenn Sie ihr Kind dagegen so oft wie möglich in Ihre Entscheidungen und Alltagshandlungen integrieren und wählen lassen, dann lernt es besser zu verstehen, was Sie meinen. Es wird seltener „ausrasten", weil es sich verstanden fühlt. Es weiß, dass es einen Wunsch frei hat, andere aber bis zum nächsten Einkauf warten müssen. Auf diese Weise erkennt es auch, dass nicht immer alle Wünsche und alle Bedürfnisse gleich erfüllt werden können."

Doris Heueck-Mauß

Wir haben einen Supermarkt gleich um die Ecke. Dieser beherbergt ein riesiges Biosortiment und ist von der Entfernung her (etwa 150m) wirklich prima erreichbar.

Nur leider ist es eben nicht sehr komfortabel als Erwachsener mit einem Kleinkind und Baby einkaufen zu gehen. Ich liebe den Genuss des mitten in der Stadt Wohnens, sodass eben schnell noch Kleinigkeiten besorgt werden können, statt den Einkauf einmal wöchentlich sorgsam planen zu müssen. Denn seitdem ich Kinder habe, ist mein Gedächtnis überall, aber nicht mehr bei der Sache, wie so ein Tunnelblick halt nur umgekehrt.

Um als Einzelperson mit Fiona und Liam einkaufen zu gehen, besteht die Möglichkeit, dass Liam in seinem Kinderwagen liegt und Fiona stehend auf dem Buggyboard „mitfährt", oder das Liam im Tragetuch liegt und Fiona in ihrem Buggy sitzt, oder nebenherläuft.

Oder man wartet einfach bis der Partner wieder von der Arbeit zurück ist, sodass jeder ein Kind hütet. Dann ist der Einkauf am stressfreisten, doch diesen Luxus kann man sich nicht gönnen, wenn zum Beispiel die Milch ausgegangen ist und Fiona sich Milchreis wünscht. Zur Mittagszeit präferiere ich die Variante Liam-im-Tragetuch und Fiona-im-Buggy, denn zu dieser Tageszeit ist Fiona meist müde und sitzt brav in ihrem Buggy. Doch diese Binsenweisheit musste ich erst erlernen...

Neben der Milch benötigten wir wieder frische Kost und ich entschloss mich dazu, "mal eben" mit den beiden einkaufen zu gehen.

„Fiona, wir müssen einkaufen gehen. Die Milch ist alle", erklärte ich.

„Jaaaa", rief Fiona so erfreut, als würden wir ins Disneyland fahren. Einkaufen gefällt ihr immer sehr.
Da es Winter war, mussten beide Kinder dick eingepackt werden. Ich kenne kein Kind, was das gerne hat...

Liam strampelte in seinem Schneeanzug und ließ mich lautstark wissen, dass ihm die Anzieherei gar nicht gefiel. Fiona sollte sich in der Zeit selber anziehen, was sie in aller Ruhe auch tat, nur fand ich sie strahlend in ihren Sandalen vor. Nach reichlicher Diskussion war ich beinahe heiser und konnte Fiona dazu überreden, ihre warmen, gefütterten Schuhe und ihre Winterjacke anzuziehen. Schlussendlich setzte ich ihr die Mütze auf den Kopf, worauf sie schreiend „alleine, alleine“ rief und mich grob zur Seite stieß.

Wie schön wäre es doch, wenn ich einfach mal wieder alleine einkaufen gehen könnte. Wahrscheinlich wäre ich dann schon längst wieder hier.

Endlich war auch Liam startklar und saß in seinem Kinderwagen. Es konnte losgehen.

„Sei bitte brav, Fiona, und bleib auf dem Buggyboard“, bat ich meine Tochter.

Ich entschied mich dafür nicht an der Hauptstraße entlang zu gehen, um den sichtbaren Abgasen größtenteils zu entgehen. Stattdessen liefen wir an Gärten vorbei, was etwas länger dauerte.

Auf halbem Weg sprang Fiona abrupt vom Board, sodass ich beinahe über sie gestolpert wäre, lief auf einen Privatspielplatz und setzte sich auf ein Wipptier.

Geduld ist eine Tugend, dachte ich mir mal wieder. Ich erklärte Fiona, dass man nicht einfach vom Buggyboard springen darf, da ich sonst über sie stolpern könnte, sie hier nicht einfach schaukeln dürfe, da es jemand anderem gehört, und dass wir doch bitte auf dem Weg zum Supermarkt waren, um einzukaufen.

„Du darfst noch kurz wippen, aber dann geht es weiter, ok?“

Endlich im Geschäft angekommen, hüpfte Fiona wieder vom Buggyboard, schnappte sich einen kleinen Einkaufswagen für Kinder und fuhr aus meinem Blickfeld davon.

„Fiona, komm sofort zu mir! Wir haben ausgemacht, dass du hörst“, rief ich wutentbrannt meiner kleinen Gewitterhexe nach und eilte hinter ihr her.

Wo fuhr sie hin?

Natürlich zum Kühlregal zu den Fruchtzwergen...

„Mama, Mama, hier! Mama“, rief sie über das Gesicht strahlend.

„Fiona, wir haben doch noch welche im Kühlschrank. Aber ich brauche noch Äpfel, hilfst du mir welche auszusuchen?“

Fiona nickte und fuhr in Richtung Obst- und Gemüseabteilung und half dabei Äpfel einzuladen. Auf halben Weg zur Milch ließ Fiona dann einfach ihren Einkaufswagen stehen und guckte einer Verkäuferin beim Regal Einsortieren zu. Zwei Minuten verweilte ich ganz ruhig hinter ihr und frage dann „Fiona, kommst du bitte?“, worauf sie leider keine Reaktion zeigte. Ein wenig bestimmter bat ich sie mitzukommen, aber es war nichts zu machen.

„FI-OOOO-NAA!“, rief ich nun noch energischer, aber sie schüttelte nur den Kopf. Mit der linken Hand schob ich den Kinderwagen, mit der rechten Hand ihren kleinen Einkaufswagen und zog meine Tochter unter lautem Geschrei mit einer unsichtbaren dritten Hand hinter mir her.

An der Kasse wollte ich gerade bezahlen, als Liam sich weinend über mein Stehenbleiben beschwerte und Fiona zum krönenden Einkaufsabschluss einfach nach draußen lief, um dann draußen am Eingang zu warten, was ich von drinnen natürlich nicht sehen konnte.

Es hatte angefangen zu regnen.

Ich war so gereizt und schwor mir nie wieder mit beiden Kindern einkaufen zu gehen. Bis zum nächsten Tag, als Ralph vor Arbeitsbeginn feststellte, dass das Toilettenpapier ausgegangen war.

Bewährte Tipps beim gemeinsamen Einkaufen

- Nicht mit einem hungrigen und übermüdeten Kind einkaufen gehen.
- Das Kind beim Einkaufen einbeziehen und ihm altersgerechte Aufträge geben.
- Zeit und Geduld einplanen.
- Konsequente Regeln vorab festlegen und einhalten!
- Schlechtes Einkaufsverhalten nicht mit Süßigkeiten belohnen.
- Kritischen Situationen aus dem Weg gehen.
- Bei Wutanfällen beim Einkaufen Führung, Verständnis und Geduld zeigen.
- Ein individuelles Familieneinkaufsritual einführen:
    - Manche Eltern geben ihrem Kind gleich zu Anfang ein Hörnchen, das es während dem Einkauf verspeisen kann.
    - Wenn es sich gut verhalten hat, darf es sich vor dem Bezahlen etwas Besonderes aussuchen.
- Eigene Gedanken/ Notizen:

____

____

Interview „Mit Leib und Seele"- zum Nachdenken

Kürzlich hat Marie in einem Interview mit Barbara Wolf, einer Professorin für Kindheitspädagogik, in der ELTERN Zeitschrift[50] gelesen:

Als Mutter oder Vater hat man oft das Gefühl, man rede sich den Mund fusselig. Warum erreichen wir Kinder mit Worten nicht?
Weil sie für Kinder nicht wichtig sind. Je kleiner sie sind, desto weniger. Kinder funktionieren so nicht. Sie haben 100 Sprachen, für die wir Großen aber nicht mehr zugänglich sind. Fühlen, riechen, malen, singen- das sind für Kinder viel wichtigere Kommunikationswege als sprechen.

Wir können uns unsere Worte also sparen?
Eigentlich schon. Worte sind für kleine Kinder zunächst nicht viel mehr als ein Geräusch, deswegen sind sie anfangs weder für die Erziehung noch für die erste Wissensvermittlung ein gutes Instrument. Sprechen ist wichtig, aber Kinder verstehen uns auf einer ganz anderen Ebene, sie lernen leiblich.

Sie meinen „körperlich"?
Die leibliche Weltaneignung umfasst mehr als nur den Körper, sie meint nicht nur die Sinne, sondern auch das Spüren und das lebendige Miteinander. Nehmen wir ein Beispiel: Ein zweijähriges Mädchen findet am Strand eine Miesmuschel. Es ist aufgeregt und neugierig. Der

Vater fragt: „Was ist da wohl drin?“ Das Mädchen klappt die Muschel auf, sie riecht etwas moderig, aber sie ist leer. Das Kind ist enttäuscht, lässt die Muschel fallen und sucht sich die nächste. Beim Lernen und Erforschen sind also nicht nur der Körper und die Sinne wichtig, sondern auch die Emotionen des Kindes und die Resonanz der Bezugsperson.

Es macht einen Unterschied, ob ich mit meinem Kind mitfiebere oder nicht?

Absolut. Und auch da sind Worte eher Nebensache. Kinder reagieren sehr stark auf Gestik, Mimik und Haltung. Wirke ich sehr offen und zugewandt, strahle ich Ruhe, Freude oder Konzentration aus? Diese Atmosphäre überträgt sich eins zu eins aufs Kind. Fühlt es sich sicher und geborgen, ist es offen für Neues. Es kann lernen. Schauen Sie sich einen Einjährigen an, der gerade laufen lernt. Wenn ich in die Knie gehe, meine Arme öffne und ihn ermutigend anlächle, wird er loslaufen. Mit diesem leiblichen Einsatz erreiche ich viel mehr als mit einem Wortschwall, der erklären soll, wie man die Füße voreinander stellt und ja nicht stolpert.

Klar, ein Einjähriger versteht das noch nicht. Aber was ist mit einem Dreijährigen? Das muss doch langsam mal einsehen, dass man sich morgens und abends die Zähne putzt!

Wer an die Vernunft von Kindern appelliert, hat bis weit ins Kindergartenalter ganz schlechte Karten. Kinder machen nicht mit, weil sie etwas verstanden haben. Sondern

weil sie emotional berührt sind. Wenn sie etwas lustig oder spannend finden, aber auch wenn sie ehrliche Zuneigung spüren.
[…]

Eigene Gedanken/ Notizen:

Fionas erste Nacht alleine
(Fiona ist 2 Jahre und 4 Monate alt, Liam ist 9 Wochen alt)

„Mit einer Kindheit voller Liebe
kann man ein halbes Leben hindurch
die kalte Welt aushalten.“
Jean Paul (1763-1825)

Schon vor einem halben Jahr kauften wir für die Kinder ein Etagenbett, da wir nur ein Kinderzimmer haben. Wenn beide später alt genug sind, werden sie dann zusammen darin schlafen können. Doch erst einmal bauten wir für Fiona nur das untere Etagenbett auf, welches bisher als Gäste-, Kuschel- und Vorlesebett diente. Urplötzlich, für mich aus heiteren Himmel, sagte Fiona dann: „Fia hier schlafen“.

„Möchtest du wirklich hier schlafen?“, fragte ich sie.

„Ja, Fia hier schlafen!“.

Wow.

Ich musste erst einmal schlucken. Das kam für mich viel zu schnell. Ich merkte, wie ein weiteres Stück meiner imaginären Nabelschnur abriss und sogar meine Augen feucht wurden.

Zusammenreißen, Marie!

Über zwei Jahre hatte Fiona nun neben mir in meinem Bett, oder im Anstellkinderbett gleich neben mir geschlafen, also immer im selben Zimmer und jede einzelne Nacht ohne Ausnahme. Und nun hat mein Kind den Wunsch alleine in einem großen Bett zu schlafen!?

„Toll, dann hole ich dir deinen Hasi und deinen Schlafsack“, sagte ich schließlich tapfer.

„Nana auch“, fügte Fiona hinzu.

„Ja, deinen Schnuller bringe ich auch mit.“

Das Einschlafen im neuen Bett klappte zwar nicht perfekt, aber nach zig Strophen „Happy Birthday“, „Ente warm machen!“ (eine mit Lavendel und Dinkel gefüllte Tigerente als Wärmekissen) und „Wawa!“ (Wasser aus der Flasche), dem alltäglichen Einschlafgeplänkel, kehrte endlich Ruhe ein.

Dreimal schaute ich noch, bevor ich zu Bett ging, in ihrem Zimmer nach, ob das Babyphone auch wirklich funktionierte und sie nicht weinend daläge und zu uns ins Schlafzimmer wollte. Nein, unser Töchterchen schlief tief und fest, voll zufrieden. Und auch in der Nacht. Bis sie einmal im Schlaf „Liam haben“ brabbelte: Ich sprang mit nackten Füßen (und das, obwohl wir momentan Silberfischbefall haben) aus dem Bett, rannte zu ihr, voller Sorgen, dass sie vielleicht doch in ihr altes Bett wollte. Doch ankommend stellte ich fest, dass sie nur geträumt hatte und inzwischen wieder tief und fest schlief...

Marie, du musst loslassen. Deine Tochter wird groß.

Kinder + KiTa = Kinderarzt
(Fiona ist 2 Jahre und 4 Monate alt, Liam ist 11 Wochen alt)

„Wärme, Mäßigkeit und Ruh',
schließt dem Arzt die Türe zu."
Heinz Erhard (1909-1979)

Schon nach eineinhalb Monaten KiTa-Pause brachten wir Fiona doch, entgegen des Arztrates, wieder in die Kinderkrippe. So langsam hatte ich genug vom Häschenhüpf-Morgenkreis-Nachgespiele.

Fiona vermisste die KiTa und außerdem liefen die Betreuungskosten eh. Es war auch einfach bequemer, wenn Fiona nach der KiTa ausgepowert zurückkam und direkt nach dem Essen brav ihren Mittagsschlaf machte.

Ich muss nämlich eingestehen, die zwei bis drei Stunden am Vormittag ohne Fiona tun mir und Liam gut. Ich freute mich schon auf einen Kaffeeklatsch am Morgen mit einer Freundin und ihrem Baby sowie komplikationslos und ohne bitten und betteln zu müssen, dass jemand auf Fiona aufpasst, zum Yoga-Rückbildungskurs gehen zu können. Um Fionas gesundheitlicher Widerstandskraft entgegenzukommen, sollte sie nun eh nicht mehr fünf Tage am Stück in die KiTa, sondern einen zusätzlichen Erholungstag am Mittwoch haben, um ihr Immunsystem nicht zu sehr zu strapazieren.

„Dort hingen nur zwei Schilder, Maus: ‚Es sind Fälle von Bindehautentzündungen aufgetreten' und ‚Es sind Fälle von fieberhaften Infekten aufgetreten', aber keine gefährlichen Kinderkrankheiten“, sagte Ralph, nachdem er Fiona in die KiTa gebracht hatte.

Die beiden Schilder hängen dort seit Fionas KiTa-Beginn, daher müsste sie nun immun sein, vor allem nach der langen KiTa-Pause, dachte ich.

Für Fionas Immunsystemstabilisierung hatte sie täglich mit den Händen und Armen im kalten Waschbecken der Gästetoilette gekneippt, viel Zeit draußen verbracht (bei Wind und Wetter), Schüssler Salze bekommen, zusätzlich besonders viel frisches Obst und Gemüse gegessen und sich von rotznasigen KiTa-Kindern ferngehalten.

Schon nach zwei KiTa-Tagen lief Fionas Nase wieder in einer Tour und hatte sich damit dem dortigen Gruppenklima wieder bestens angepasst...

Zu meinem Leid musste ich das Frühstückstreffen mit einer Freundin absagen. Abends ging nämlich der Husten los.

Das Inhalationsgerät (mit Kochsalzlösung) war wieder im vollen Einsatz und wir inhalierten prophylaktisch mit beiden Kindern. Das Ende vom Lied war, dass wir am Wochenende mal wieder unter uns bleiben mussten. Wir versuchten durch besonders gesunde Ernährung, Majoranbutter (zum Einschmieren an Nase und Brust) und langen Spaziergängen an der frischen Luft Fionas grippalen Infekt in den Griff zu kriegen. Leider gelang das überhaupt nicht, sodass wir gleich am Montag zum Kinderarzt fuhren, da auch Liam nun nachts kräftig zu husten begann. Da ich mir gern zwei Kinderärzte warmhalte, gingen wir mal wieder zu Fionas Kinderarzt, der eher schulmedizinisch ausgerichtet ist. Ralph musste an diesem Tag erst in drei Stunden zum Dienst.

Wie immer war das Warten beim Kinderarzt eine Tortur und langwierig, also eine langwierige Tortur. Ich fragte die Sprechstundenhilfe, wie lange wir wohl warten müssen.

„Etwa eine halbe Stunde“, war die Prognose, was sich nachträglich (und wie immer) als viel zu optimistisch herausstellte.

Wir verbrachten die Wartezeit lieber draußen, um nicht neue Infekte mit nach Hause zu nehmen.

Vor dem Kinderarztgebäude trafen wir Bekannte, die vor zwei Monaten Zwillinge bekommen haben.

„Wie läuft's denn so, Nina?“, fragte ich.

„Total super. Es ist echt voll schön“, meinte Nina, die ganz schön müde und fertig aussah, doch zugleich ihre Babys stolz betrachtete. Die Zwillingsbabys waren wirklich sooo süß, aber tauschen würde ich nicht wollen...

„Und, wie ist es nachts so?“, hakte ich vorsichtig nach, da ich aus eigener Erfahrung ja weiß, wie anstrengend schon ein einziges Baby nachts sein kann.

Aber gleich zwei, wie hält man das bloß durch?

„Ich stille sie manchmal gleichzeitig und manchmal nacheinander, das ist dann echt ermüdend. Vor einem Monat habe ich meine Brustwarzen lasern lassen, weil die Brustwarzen so wund waren. Aber alles voll gut jetzt. Ich muss eben was aus der Apotheke holen, bin gleich wieder da“, und schon war sie um die Ecke verschwunden.

Als ob ihre Babys bemerkten, dass ihre Mutter sich entfernt hatte, fingen sie an zu quengeln und steigerten es zu einem richtigen Babygeschrei, bei dem man sich einfach nur wünscht, dass es aufhört. Doch der Zwillingsvater schien das Weinen gar nicht zu bemerken, ganz in ein Gespräch mit Ralph versunken, dem ich ansah, dass er sich auf das Sprechen und Zuhören konzentrieren musste. Mir war der Babylärm total unangenehm und meine Muttergefühle hatten nichts anderes im Sinn, als die Babys zu beruhigen, damit das Geschrei endlich abebbt. Zweifelsohne musste ich mich anstrengen, um mich da nicht einzumischen. Am liebsten hätte ich Ninas Mann geschüttelt und ihn angefaucht, dass er die Babys doch bitte wieder zum Einschlafen bringt.

Sag mal, nimmt der das Geheule gar nicht wahr? überlegte ich und war kurz davor im Doppelkinderwagen nach Schnullern zu kramen, um sie den Babys in den Mund zu stopften und sie im Am hin und her zu wiegen. Doch ich traute mich nicht, sie anzufassen und da einzugreifen.

Erstens, waren es nicht meine Babys und zweitens, hatte ich Ninas Mann nur einmal zuvor gesehen, ich wusste also nicht, wie er regieren würde, wenn ich seine Babys tröstete. Außerdem schob ich Liam im Buggy vor mir her und hatte Fiona an der Hand. Endlich kam Nina wieder, die ihren Mann gleich böse anschaute, als sie hörte, wie unzufrieden die Zwillinge waren. Ich hoffte, dass ihm ihr strafender Blick seine Untätigkeit klarmachte.

Vielleicht ist er in seiner Vaterrolle auch einfach nur überfordert und hilflos…

Wir verabschiedeten uns und marschierten wieder in die Kinderarztpraxis.

Nach 90 Minuten Wartezeit war auch Ralph schweißgebadet. Immer wieder blickte er zur Uhr („Maus, ich muss gleich zum Dienst“).

Schließlich waren wir an der Reihe und der Kinderarzt diagnostizierte bei Fiona eine schwere obstruktive Bronchitis und bei Liam: nichts.

„Wohl nur ein harmloser Virus, der sich da [für Sie] bemerkbar macht. Ich kann nichts feststellen“, meinte er. Innerlich (und vielleicht auch äußerlich) lief ich rot an. Die Arztdiagnose „wohl nur ein harmloser Virus“ bezüglich Liam passte gar nicht zu meiner Wahrnehmung und Intuition. Stattdessen sagte er, dass Fiona nun laut Lehrbuch eine Asthmatikerin sei, da sie nun in so kurzer Zeit und so häufig spastische Bronchitiden hatte.

Nach dem Arztbesuch fühlte ich mich völlig ausgelaugt. Ralph verabschiedete sich schon im Wohnungsflur „Tschüss, Maus, bis später“, gab mir und den Kindern einen Kuss und fuhr gleich weiter zur Arbeit.

Ich stand da mit zwei kränkelnden Kindern. Liam auf meinem Arm hatte wieder Hunger und die völlig übermüdete Fiona hustete und hustete und forderte mich mit müden Augen auf, mit ihr zu spielen.

Erst einmal alle Hände waschen.

Am Samstag kam bei beiden Kindern eine Bindehautentzündung hinzu und am Sonntagmorgen mussten wir zum kinderärztlichen Notdienst, weil Liams „harmloser Infekt" mittlerweile nicht mehr nur ein „harmloser Infekt" war. Mittags landeten wir dann im Krankenhaus: Beide Kinder hatten eine Lungenentzündung!

Am nächsten Tag riefen wir gleich in der KiTa an und kündigten Fionas Platz endgültig.

Von nun an wird sie bis zu ihrem Kindergartenbeginn von mir betreut werden, dachte ich mit etwas Wehmut…

Trostlied bei Krankheit

Heile, heile Segen!
Sieben Tage Regen,
sieben Tage Sonnenschein.
Bald wird's wieder besser sein.

Heile, heile Kätzchen!
Kätzchen hat vier Tätzchen.
Lege auf ein' saubern Stein.
Und dann heilt es ganz allein.

Heile, heile, heile!
Dauert noch `ne Weile,
Dauert noch bis Rosmarein,
dann ist lauter Sonnenschein.

Schnullerfrei! Äh, doch nicht…
(Fiona ist 2 Jahre und 4 Monate alt, Liam ist 12 Wochen alt)

„Hab Geduld mit allen Dingen,
aber besonders mit dir selbst!“
Franz von Sales (1567-1622)

Ralph hat morgen Geburtstag, arbeitete heute noch bis spät in den Abend und ich hatte noch kein Geschenk.

Wie peinlich.

Früher habe ich Menschen immer verachtet, die auf den letzten Drücker Geschenke gekauft haben. Gerade für den wichtigsten Menschen in ihrem Leben: dem Partner fürs Leben. Tja, und jetzt war ich eine von denen... Dabei hatte ich doch wirklich „nur ein Jahr“ Zeit etwas für ihn zu kaufen, was ihm Freude bereitet!

Ich rief Tinta an und fragte, ob sie Lust hätte mit uns in die Stadt zu gehen. Gott sei Dank hatte sie Zeit und Lust, hurra! Nun musste ich nicht die alleinige Verantwortung für die beiden Kleinkinder tragen. Tinta schob Fiona vor sich her und ich Liam.

100 Meter von unserem Haus entfernt rief Fiona „Nana, Nana haben, mein Nana!“ und weinte. Wir hatten den Schnuller (=Nana) vergessen. Besser gesagt, ich hatte ihn vergessen. Ralph war nicht dabei, also konnte ich ihm nicht die Schuld dafür in die Schuhe schieben.

Da ich wusste, dass es ohne Schnuller keinen Sinn macht mit ihr wohin zu gehen, drehten wir noch einmal um und ich holte einen.

Bei der Vorsorgeuntersuchung U7, da war Fiona gerade zwei Jahre alt, fragte ich die Kinderärztin, wie lange Fiona noch ihren Schnuller haben dürfe, ohne dass die Zähne Schaden davontragen. Die Antwort war: sofort. Dies ignorierten wir gekonnt noch ein paar Monate, da es so viel einfacher war mit einem Schnuller! Schon seit jeher durfte sie einen Schnuller nur im Auto/ Buggy, bei Verletzungen verbunden mit einem ausdrücklichen Wunsch nach einem Schnuller und nur zum Einschlafen haben.

Nachdem ich einen geholt hatte, steckte Fiona sich diesen sogleich in den Mund und war zufrieden. Und ich auch. So konnte ich mich darauf konzentrieren ein Geschenk für meinen Mann zu finden. Das stellte sich im Endeffekt sogar als leicht heraus. Ich fand ein schönes Buch und kaufte noch ein paar weitere Kleinigkeiten.

Auf dem Rückweg kamen wir an einem Musikgeschäft vorbei. Da erinnerte ich mich an Ralphs Worte vor ein paar Tagen, dass es dort doch bestimmt günstig kleine Gitarren zu kaufen gäbe, denn Fiona war sehr gitarrenfasziniert. Im Musikgeschäft starrte sie die Gitarren an und rief „Ich will Gitarre haben, Gitarre, ich will Gitarre!".

Eine kleine Ukulele, also in etwa eine „passende Gitarre für Kinder", kostete 39,95 Euro im Angebot.

„Fiona, ich kann verstehen, dass du eine Gitarre haben möchtest. Wir schauen uns die hier einfach mal an. Aber du musst lernen, dass man Dinge haben möchte und die nicht gleich bekommen kann."

Fiona war von meinen Worten nicht so wirklich begeistert.

Auf dem ganzen Nachhauseweg und auch am Abend jammerte sie immer wieder, sie möchte eine Gitarre haben.

„Fiona, du bekommst eine Gitarre, aber dafür musst du die gegen deine Schnuller eintauschen“, kam mir spontan die Idee.

Schon lange hatte ich darüber nachgedacht, wie wir ihr die Schnuller madigmachen könnten. Mit Senf einstreichen fand ich ungerecht, zerschneiden war fies, einen Schnullerbaum gab es nicht in der Nähe und die Schnullerfee-Idee war doch eher etwas für größere Kinder. Fiona war total begeistert und rief „Jaaaaa!“.

Ich war mir überhaupt nicht sicher, ob sie den Ernst der Lage verstünde und erklärte ihr noch einmal, dass wenn sie eine Gitarre haben möchte, sie all ihre Schnuller abgeben müsse. Alle. Und zwar für immer.

„Fiona, dann bringen wir deine Schnuller zusammen in den Mülleimer, dann bekommst du nach deiner ersten schnullerfreien Nacht eine Gitarre!“.

Schnell und energisch suchte sie die drei verbliebenen Schnuller, stand dann vor dem Mülleimer und betrachtete diesen eingehend.

„Fiona, bist du dir sicher?“, fragte ich und erklärte ihr noch einmal die Situation, woraufhin meine Tochter alle in den Müll warf.

Ganz schön entschlussfreudig.

Das Einschlafen ohne Schnuller war wirklich kein Problem, da Fiona voller Vorfreude an die Gitarre dachte.

An seinem Geburtstag kaufte Ralph für Fiona dann die Gitarre. Fiona war außer sich vor Freude. Immer wieder klimperte sie auf dem Musikinstrument herum.

Mensch, wie toll sie das doch macht mit dem schnullerfrei werden...

Zu früh gefreut! Als es Abend wurde, waren all unsere Vereinbarungen vergessen und mein Töchterchen wollte ihren Schnuller wiederhaben. Es folgten fünf anstrengende Tage. Für uns alle. Immer wieder weinte Fiona und bettelte nach ihrem Schnuller. Den Mittagsschlaf verweigerte sie und schrie lieber minutenlang in ihrem Bett, bei Autofahrten brüllte sie wie am Spieß, was sich mit einem nach-dem-Schnuller-Betteln abwechselte. Wenn sie sich verletzt hatte, ließ sie sich kaum beruhigen und steigerte sich dann wehmütig in einen „Aua-Nana, ich will Nana"-Song und abends kletterte sie immer wieder aus ihrem Bett und jammerte nach ihrem Schnuller, was sie dann abwechselte mit einem inständigen Bitten.

Mein Nervenkostüm war blank. Nach unserer Hartnäckigkeit wurde ich weich, weil ich nur noch meine Ruhe wollte. Einen Schnuller hatte ich in weiser Voraussicht noch für den Fall der Fälle verwahrt. Abends gab ich ihr den dann beim Einschlafen „Aber nur kurz zum Einschlafen!", um endlich mal wieder einen schreifreien Abend zu haben…

Nachtrag (Fiona ist 2 Jahre und 11 Monate alt, Liam ist 10 Monate alt)

Knapp ein halbes Jahr später ist unsere Tochter immer noch nicht schnullerfrei. Sie darf ihren innig geliebten Schnuller nur noch zum Mittagsschlaf und abendlichen Einschlafen haben. Ansonsten liegt der einzig verbliebene Schnuller oben auf dem Schrank. Beim Abendessen fragte ich Fiona, wann sie denn keinen Schnuller mehr brauchen würde.

„Wenn ich drei bin, Mama“, meinte sie.

Oh, das wären ja nur noch 18 Tage. Das wäre ja schön, wenn das diesmal klappen würde, dachte ich.

Informationen und bewährte Tipps fürs Schnullerfrei werden

- Der Schnuller sollte allgemein nicht im Dauergebrauch sein, sondern nur hervorgeholt werden, wenn keine andere Ablenkung hilft.
- Nuckelabhängigkeit kann zu Zahnfehlstellungen führen.
- Allerspätestens ab dem dritten Geburtstag sollten Kinder schnullerfrei sein (wegen der Kieferverformung).
- Das schrittweise Entwöhnen vom Schnuller fällt Kindern leichter. Also erst nur noch beim Schlafen, dann nur noch beim Einschlafen, dann nur noch beim nächtlichen Einschlafen, usw.

- Dem Kind sagen, dass man es nicht verstehen kann, wenn es mit dem Schnuller im Mund spricht. Immer wieder darauf hinweisen.
- Gemeinsam mit dem Kleinkind Bilderbücher zum Thema „Schnullerfrei werden“ ansehen.
- Schullerabgewöhnung zu einem geeigneten (ruhigen) Zeitpunkt durchführen, oder bspw. im Urlaub (aber nicht bei Trennung der Eltern, oder wenn ein Geschwisterchen geboren wurde).
- Den Abschied gemeinsam zelebrieren (zum Beispiel mit der Schnuller-Fee, die die Schnuller abholt und ein tolles Geschenk dalässt, die Schnuller gemeinsam an einen „Schnullerbaum“ hängen, Schnuller an „bedürftige Kinder“ verschicken und Co.).
- Es ist für uns Eltern sehr praktisch, dem Kind bei Verletzungen den Schnuller in den Mund zu stopfen, damit es sich daran saugend trösten kann, statt dass es schmerzerfüllt „rumheult“. Doch dem Kind hilft das Schnullern bei Verletzungen nicht wirklich. Denn dadurch wird das Kind durch das Saugen reguliert und lernt nicht, sich selbst zu regulieren. So kommt es zu einer regelrechten Abhängigkeit zum Schnuller.
- Eigene Gedanken/ Notizen:

  ____

  ____

  ____

  ____

Endlich mal ganz alleine zur Toilette

(Fiona ist 2 Jahre und 5 Monate alt, Liam ist 13 Wochen alt)

„Der Weg ist das Ziel."
Konfuzius (ca. 551-479 v. Chr.)

Als ich das erste Mal beim Schwangerschafts-Rückbildungs-Yoga war, sollten wir Frauen uns kurz vorstellen, das Geburtsdatum vom Baby nennen und in einem Satz unseren aktuellen Gemütszustand kundtun.

„Die Nächte sind fuuuurchtbar anstrengend", „So langsam klappt alles immer besser" und „ja, es ist schon sehr anstrengend", waren so die Kommentare von anderen Teilnehmerinnen.

Als ich an der Reihe war, warf ich strahlend in die Runde: „Ich bin absolut glücklich! Ich genieße die Zeit mit meinen beiden Kindern total und bin echt ausgeglichen, würde ich sagen", worauf die Yogalehrerin beinahe applaudierend erwiderte „Herzlichen Glückwunsch, das hört man selten!".

Irgendwie klang das seltsam, die Gratulation wirkte nicht unbedingt ganz ehrlich, eher ironisch, als ob sie wüsste, dass dieser Zustand nicht von langer Dauer sei...

Eine Woche später fühlte ich mich fix und alle. Fix und foxi. Fertig mit der Welt und gefühlt kurz vor dem Burnout. Der Stellvertreter meines Mannes hat sich einen offenen Fingerbruch zugezogen, somit war es Ralph nicht möglich, sich kurzfristig frei zu nehmen. Zusätzlich arbeitete er sechs Tage die Woche und gestern 16

Stunden. Nach drei Stunden Schlaf musste er wieder zur Arbeit. Fiona wachte am Morgen auf und fragte nach ihrem Papa.

„Papa ist auf der Arbeit, Schatz“, erklärte ich ihr.

Schon gestern nach einem frühen gemeinsamen Frühstück, versteckte Fiona seine Schuhe, um zu verhindern, dass Ralph wieder zur Arbeit ging. Weinend und letztendlich nach ihm hauend, „verabschiedete“ sie sich von ihrem Papa und verwehrte sogar ihr Abschiedsküsschen...

Ich stellte mich auf einen langen Tag ein. Und das wurde er auch.

Fiona erprobte meine Willensstärke und Kraft auf Konsequenz und Liam vergaß wohl, wie man schläft. Nicht einmal zum Duschen kam ich und wenn ich auf der Toilette saß, musste ich die Sitzung schnellstmöglich beenden, da Liam und/ oder Fiona meine Aufmerksamkeit lautstark einforderten.

So hatte ich mir mein aktuelles Dasein nicht vorgestellt. Eingesperrt fühlte ich mich, vernachlässigt, allein gelassen und für alles verantwortlich. Wenn meine Yoga-Kursteilnehmerinnen mich jetzt sähen...

Endlich kam Ralph dann abends wieder und konnte Fiona eine Gutenachtgeschichte vorlesen, während er Liam auf dem Schoß schaukelte. Und dann ergriff ich die Chance endlich das zu tun, was ich schon eine gefühlte Ewigkeit nicht mehr getan hatte: ganz alleine zur Toilette zu gehen und zu duschen...

Endlich ein Happy End á la Hollywood!

Zeit für mich (ist soooo wichtig!)

- Nimm dich und deine Bedürfnisse wichtig!
- *„Erziehung hat mit Beziehung zu tun- der Beziehung zu den Kindern und der zu sich selbst.“* [51]
- Eine sich aufopfernde Mutter kennt keine Selbst-Fürsorge und läuft der Gefahr zum Beispiel an Depressionen oder Burnout zu erkranken. Also, gut auf sich selbst achten, für sich sorgen und sich wertschätzen! Sich selbst wichtig nehmen und die eigenen Bedürfnisse befriedigen. Die Kinder danken es einem, wenn man ausgeglichen ist…
- Sei dir selbst eine gute Freundin!
- Für eigene Ruhepausen und Entspannung sorgen, denn nur so kann man aus dem „Hamsterradgefühl“ entkommen.
- Die persönlichen Freizeiten (Frisörbesuch, Sporteinheiten, Shoppen, usw.) in einen Kalender eintragen und diese mit dem Partner kommunizieren, sodass frühzeitig Betreuungen organisiert werden können.
- Täglich versuche ich mir bewusst ein paar Minuten nur für mich zu gönnen (zum Beispiel bleibe ich *bewusst* etwas länger als nötig auf der Toilette, blättere gemütlich eine Zeitschrift, oder genieße *ganz bewusst* eine leckere Tasse Tee, oder lausche auf dem Balkon einfach den Geräuschen, usw.).

- Mindestens einmal die Woche räume ich mir ein paar bewusste Stunden nur für mich ganz alleine ein.
    - Was habe ich früher gerne unternommen?
    - Wen würde ich gerne mal wieder treffen? Oder will ich lieber etwas alleine machen?
    - Welches Hobby habe ich gerne gemacht? Was würde mir jetzt guttun?
    - Gibt es etwas Neues, was ich gerne ausprobieren würde?
    - Wie komme ich zu mehr Ausgeglichenheit?
- Eigene Gedanken/ Notizen:

____

____

____

____

Rückbildungskurs in Mütterkreisen
(Fiona ist 2 Jahre und 5 Monate alt, Liam ist 14 Wochen alt)

*„Hilf mir, es selbst zu tun.
Zeige mir, wie es geht. Tu es nicht für mich.
Ich kann und will es allein tun.
Hab Geduld meine Wege zu begreifen. Sie sind vielleicht länger, vielleicht brauche ich mehr Zeit, weil ich mehrere Versuche machen will.
Mute mir Fehler und Anstrengung zu,
denn daraus kann ich lernen."*
Maria Montessori (1870-1952)

Liam und ich waren mal wieder unterwegs zum Rückbildungskurs Yoga, um meinen Beckenboden und meine Bauch- und Rückenmuskulatur zu kräftigen und mal wieder in Bewegung zu kommen. Währenddessen war Fiona meist bei Tinta.

Fiona wollte heute unbedingt mit und ich erklärte ihr: „Alle Mamas machen Yoga, während alle Babys brav schlafen. Auch Liam muss schlafen!" Dies überzeugte sie, nichts zu verpassen.

So gerne würde ich einfach mal zum Yoga gehen können, ohne jemanden darum zu bitten, auf Fiona aufzupassen, aber das ist als junge Mutter nicht so einfach möglich. Ich hegte die Hoffnung meinen After-Baby-Body wieder in Form bringen zu können und dachte sehnsüchtig an Heidi Klum oder Victoria Beckham.

Vor Beginn des Kurses, wenn die Yogalehrerin noch nicht da ist, und sich alle Mütter mit ihren Babys einfinden, muss ich innerlich immer grinsen. Das ist für mich der amüsanteste Teil des Kurses: Wer gewinnt heute die Medaille des Super-Babys bzw. der Super-Mama?

Ein Beispiel: „Mensch, Anton kann sich ja schon hochziehen! Und wie toll er krabbelt“, meinte Linas Mutter mit neidischen Blicken auf Antons neuen Entwicklungsschritt.

„Ja, das macht er jetzt überall, wann immer es geht. An deiner Stelle würde ich Lina öfter mal hinsetzen, so hat es beim Anton auch geklappt“, antwortete Antons Mutter, die Anton gleich in den Vierfüßlerstand hinhockte und heute als Anwärterin der Medaille ganz oben auf der Liste stand. Sie strahlte übers ganze Gesicht, während Anton eilig davonkrabbelte

„Meine Lina ist da ein wenig genügsamer, dafür schläft Lina schon neun Stunden am Stück. Wie schläft Anton denn so?“

Wer genau hinhört, bemerkt einen Wettstreit mit Konkurrenz, Neid und auch Missgunst. Der Zeitpunkt des Mütter-Wettkampfes ist wieder da. Es folgt ein Nominieren, welches fremde Baby am Schönsten brabbelt und krabbelt und ein Prahlen über die Fortschritte des eigenen Babys.

Welches Baby kann es als Erstes? Welche Mutter hat das Baby am besten gefördert? Die Unterhaltungen über die Superbabys enden erst, wenn die Yogalehrerin einen lautstarken Gong ertönen lässt und der Reihe nach in jedes einzelne Gesicht blickt.

Ich weiß noch, dass ich bei Fiona damals auch so eine Mama war, die unbedingt eine Super-Mama mit Super-Baby sein wollte. Fiona krabbelte für ihr Alter recht früh und mir schwoll die Brust an, wenn andere Mütter neidisch mein krabbelndes Baby begutachteten und seine Fortschritte lobten. Ich versuchte damit in gewisser Weise die Wertschätzung zu kompensieren, die ich sonst auf der Arbeit erhalten habe.

Zum Glück überkam mich irgendwann die Erkenntnis, dass dieser elendige Wettstreit zwischen Müttern einfach nur nervig ist und überhaupt nicht dazu führt, sich langwierig besser zu fühlen, da es immer Babys gibt, die etwas besser können. Schließlich entscheidet das Baby selbst, wann es sitzt, krabbelt und läuft. Dieses ständige Vergleichen kostet nur Energie und führt dazu, dass man sich viel zu viele Gedanken macht, vor allem, wenn das Baby etwas noch nicht kann, was ein anderes schon prima beherrscht...

Das Baby wird alles schon machen, ganz zu seiner Zeit.

Und so amüsiere ich mich heute über die stutenbissigen Mütter, blicke meinen schlafenden Liam an, erfreue mich, dass er ist, wie er ist. Ich genieße es sehr beim zweiten Kind gelassener zu sein und konzentriere mich ganz aufs Yoga.

Bewährte Tipps im Umgang mit anderen Müttern

- Andere Mütter sind auch auf der Suche nach Gesellschaft und Erfahrungsaustausch.

- Sich nur an Mütter orientieren, die man sympathisch findet und mit denen man gerne Zeit verbringen würde. Nummern austauschen und in die Initiative gehen! Nur so können Freundschaften entstehen…
- Konkurrenzbestimmte Mütter links liegen lassen.
- Offenheit und Ehrlichkeit zahlt sich meist aus…
- Eigene Gedanken/ Notizen:

  ____

  ____

  ____

  ____

Fiona möchte Rohkostkind mit Fleisch füttern
(Fiona ist 2 Jahre und 5 Monate alt, Liam ist 14 Wochen alt)

„Irren ist menschlich."
Lucius Annaeus Seneca (4 v. Chr.-65 n. Chr.)

Um meine ganze Familie zu einem Zeitpunkt zusammen zu bekommen, müssen die Termine schon Wochen zuvor terminiert und abgesprochen sein. Da ist mein Bruder Steffen mit Ehefrau Isabella aus Papenburg, mein anderer Bruder David mit Ehefrau Vera und Töchterchen Mia aus Düsseldorf, meine Oma aus Dortmund, meine Eltern aus meinem Heimatort im Münsterland sowie mein kleiner Bruder Luis.

Ich feierte meinen 30. Geburtstag nach und gab einen Brunch im Heimatort aus.

Bei meinen Eltern ist einfach meine Heimat. Und Heimat bedeutet für mich Zugehörigkeit, Vertrautheit, Entspannung und Verbundenheit. Dort ist immer tierisch etwas los mit sechs Katzen, zwei Schildkröten, einem Schäferhund und meinen Eltern. Sie wohnen mitten in der Natur an der frischen Luft, direkt neben einem Fluss.

Zurück zu meinem Brunch. Einfacher wäre es natürlich irgendwohin zu fahren und einmal „all you can eat" zu frühstücken, keine Arbeit zu haben (mit dem Einkaufen, Zubereiten der Speisen, Spülen, Tischdecken und Verzieren usw.).

Doch mit drei kleinen Kindern gehen wir zurzeit nicht freiwillig essen... Da ist es einfach schöner gemütlich „zu Hause“ zu feiern, wo eine warme Wickelmöglichkeit für die Kinder besteht und ein großer Garten ist, in dem sich die Kleinen austoben können.

Für das Essen hatte ich mich für ein Weißwurstfrühstück entschieden, Stremel- und Räucherlachs, eine Brennnessel-Bärlauch-Zitronenmelisse-Liebstöckel-Suppe (vegan zubereitet, weil meine Schwägerin doch Veganerin ist), Tomaten-Mozzarella-Salat, Brownies, Rührei und einer Käseplatte. Beim Frühstück saß Fiona neben Mia und wollte sie mit einem Stückchen Weißwurst füttern.

„Neeein! Kein Fleisch! Mia darf kein Fleisch essen, verdammt nochmal!“

Wir zuckten alle entsetzt zusammen, als Vera meine Tochter in einem nicht gerade freundlichen Ton zurechtwies und Fionas Hand hastig von Mias Mund wegstieß.

Ich schaute zu Fiona, die betreten und schuldbewusst auf ihren Teller starrte und nicht wusste, was sie verkehrt gemacht hatte. Auch wir anderen wussten nicht so recht, wie wir uns nun verhalten sollten.

„Wenn Mia später erwachsen ist, darf sie selber entscheiden, ob sie Fleisch essen möchte“, erklärte Vera.

Puh! Das hat irgendwie gesessen.

Fiona tat mir in dem Moment so leid, da sie einfach nur ihre kleine Cousine füttern wollte und völlig zu Unrecht angemacht wurde. Mia tat mir leid, weil sie auf Fleisch verzichten muss, obwohl die bekannte Ernährungspyramide des Bundesministeriums für Gesundheit etwas Anderes besagt. Und mir tat Vera leid, die so engstirnig ihr Ding durchsetzen will und in einen Prozess zwischen Kindern eingreift, wo es nur ums Interagieren ging. Und ich bin sauer auf mich selbst, dass mir in dem Moment keine angemessene Reaktion eingefallen ist, um Fiona zu stützen.

Mich erinnert diese Szene sehr an Fionas erstes Lebensjahr, in dem ich sie vor Kristallzucker schützen wollte, da sehr früher und regelmäßiger Süßigkeitenkonsum Kinder auf den Geschmack bringt und ihnen dann Gemüse und Obst immer weniger schmeckt.[52]

Ha, schon wieder ertappe ich mich beim Rechtfertigen!

Also verbot ich den Omis und Tinta meiner Tochter Zuckerplätzchen zu geben.

Im Nachhinein betrachtet: *Warum habe ich es zugelassen, mich andauernd rechtfertigen zu müssen? Warum habe ich mein Ding, die zuckerfreie Zeit, nicht einfach gelebt? Weil ich es erst lernen musste und ich damals noch nicht so weit war.*

Mittlerweile beim zweiten Kind habe ich ein viel besseres Standing in den Dingen bekommen, die ich tue: ich rechtfertige nun *nicht immer*, sondern tue (meistens) das für meine Kinder, was ich für richtig halte. Daher habe ich beispielsweise auch nicht mit Vera über die fleischlose Ernährung ihrer Tochter diskutiert, denn dann würde ich sie ja dazu bringen, sich rechtfertigen zu müssen.

Doch wo beginnt und endet der Grad, sich als Tante/ Onkel/ Freundin/ Vater nicht in die Erziehung bzw. Ernährung einzumischen?

Ich mache mir Sorgen, meiner Nichte könnten bei der veganen Rohkosternährung bestimmte Nährstoffe fehlen, denn beide Kinder meiner Freundin Kathi hatten zeitweilig starken Eisenmangel, obwohl sie regelmäßig Fleisch essen und mussten behandelt werden.

Ich denke, als Tante darf ich meiner Schwägerin meine Bedenken freundlich mitteilen. Ob sie sich rechtfertigt und erklärt und was sie nach unserem Gespräch macht, ist allerdings ihre Sache.

Was ich in diesem Kapitel eigentlich sagen möchte: Für mich war es sehr interessant die Seite kennenzulernen, in der man das Handeln einer Mutter respektieren muss, es selber jedoch lächerlich finden darf.

Telefonat mit Oma Biene

(Fiona ist 2 Jahre und 6 Monate alt, Liam ist 5 Monate alt)

„Der Kopf ist rund,
damit unsere Gedanken
die Richtung ändern können."
Albert Einstein (1879-1955)

Seitdem Fiona geboren wurde, fühle ich mich meinen Eltern emotional noch viel näher verbunden. Ich bin ihnen sehr dankbar für das, was sie für mich und meine Geschwister getan haben und kann nun einiges nachvollziehen, warum so vieles in meiner Kindheit geschehen ist, wie sie es entschieden haben.

Wieder einmal rief ich meine Mama an, weil ich in Sachen Erziehung bei meiner Tochter nicht mehr weiterwusste. Bestimmt zehnmal habe ich Fiona nun gebeten, dass sie ihre Strümpfe doch bitte wieder anzieht.

Es fing an mit einem freundlichen „Fiona, zieh dir bitte wieder deine Socken an, du hast schon ganz kalte Füße", was ein paarmal wiederholt wurde, da ich nicht sicher war, ob sie meine Bitte gehört hatte. Dann versuchte ich es mit einem schlechten Gewissen machendem Unterton: „Fiona, zieh die Socken an, sonst wirst du krank!". Dann einem „Fiona, zieh jetzt sofort deine Socken an! Möchtest du krank werden und wieder husten?"

Meine Tochter ignorierte mich und war weiterhin eifrig damit beschäftigt, etwas zwischen ihren Zehen hervor zu puhlen. Langsam war ich spürbar so erregt, dass ich mich durch tiefes Durchatmen besänftigen musste.

„Zieh-die-Socken-an! SOOFOOORT!“ konnte ich nur noch zwischen meinen Zähnen hervorstoßen.

Weiterhin beachtete Fiona mich nicht. Ich sprang auf, klopfte Fiona auf die Schulter und versuchte es ein letztes Mal Gehorsam fordernd: „Zieh sofort die Socken an, sonst wirst du mit den Konsequenzen leben müssen!“

Fiona sprang auf und rannte aus dem Zimmer. Mir stockte der Atem.

Sie war getürmt, ohne ihre Strümpfe, mit nackten Füßen. Mal wieder. Das Ganze hatten wir doch gestern erst fünfmal. Vorgestern sechsmal und vorvorgestern bestimmt siebenmal. Ich überlegte, was für Konsequenzen denn für Fiona in Frage kämen, doch meine Wut über meine Tochter stand im Vordergrund.

Es war erst neun Uhr morgens, der Tag fing gerade an und ich habe mich nun schon so über meine trotzende Tochter geärgert, wie zur kinderlosen Zeit in einer ganzen Woche nicht auf der Arbeit.

Beruflich kann man den verärgerten Kollegen ein wenig aus dem Weg gehen (oder zumindest die Probleme aufschieben), doch Fiona und ich verbringen den ganzen Tag miteinander. Mal bin ich Cafeteria, mal Sanitäter, mal Vorleser, dann wieder Kuschel-Dockingstation und dann wieder das Entertainment-Portal. Wir müssen miteinander auskommen.

Ihre Socken liegen immer noch in ihrem Zimmer, während Fiona mittlerweile hopsend das Wohnzimmersofa regiert. Erschöpft rief ich meine Mama an, der ich beinahe schluchzend berichtete, dass meine autoritäre Art bei meiner Tochter mal wieder gar nicht autoritär ankommt.

„Gib sie mir doch mal ans Telefon“, bat sie mich.

Ich ging ins Wohnzimmer und lockte Fiona: „Oma möchte dich sprechen, Fiona, Oma Biene.“

Ich versuchte erst gar nicht, sie damit ans Telefon zu locken, dass sie erst mit ihr sprechen darf, wenn die Socken angezogen sind (denn das ist auch schon mal schiefgegangen).

„Guten Morgen, Fiona, hier ist Oma Biene. Hast du gut geschlafen? Ja? Prima! Ich habe heute Morgen auch schon [den Hund] Lily und die Katzen gefüttert. Mama hat erzählt, dass du so ein großes Mädchen bist. Kannst du dir die Socken wirklich schon ganz alleine anziehen?“

Staunend beobachtete ich, dass Fiona strahlend ihre Strümpfe anzog und ihrer Oma am Telefon berichtete „Ja, alleine an!“

Mal wieder musste ich feststellen, dass positives Verstärken in der Erziehung besser ist, als Bitten, Betteln und Befehlen…

Informationen zum Thema Befehlen

- *„Mit Befehlen, die den Willen der Kinder brechen, können Eltern zwar erreichen, dass sich ihre Kinder angepasst verhalten. Zu Einsicht und*

Charakterbildung tragen Anordnungen aber nicht bei.“ [53]

- Die Konsequenz von Befehlen sind meist Machtkämpfe, die weiterhin zu schlechten Gefühlen beim Kind, wie Ohnmachtsgefühle, Verunsicherung, Rachegefühle und Hilflosigkeit, führen können.
- Eigene Gedanken/ Notizen:

____

____

____

____

Wie ist das denn jetzt mit dem Thema Loben?

Marie macht sich Gedanken darüber, ob sie ihre Tochter vielleicht zu oft lobt. Gestern hatte sie nämlich auf dem Spielplatz eine Mutter beobachtet, die ihren Sohn Paul „dauerlobte".

„Mensch, Paulchen, das klappt ja großartig", „Paul, wie schnell du die Rutsche runtersaust, super!", „Paul, klasse!" und „Paul, schön, wie du das machst, wie ein Großer!".

Als Paul dann seine Mutter beim Schaukeln fragte „Mama, schaukle ich nicht toll hoch?" stutzte Marie. Hatte Paul denn nun nicht genug Lob bekommen, war er jetzt süchtig nach Lob??

Katharina Saalfrank schreibt in ihrem Buch „Was unsere Kinder brauchen":

„Belohnungen sind ein manipulativer Umgang mit Kindern und eine Form der Bestrafung. Denn lassen wir die Belohnung weg, kommt das einer Strafe gleich [...]. Wenn wir Kinder loben und belohnen, entsteht eine fragwürdige emotionale Abhängigkeit, die das Kind unselbständig hält und daran hindert, eigene Verantwortung für sein Handeln zu übernehmen [...]. Kinder tragen also einen Motor für ihre Entwicklung in sich und benötigen dafür keine Motivation von außen".

Frau Saalfrank meint also, dass Loben von Kindern zu Unselbständigkeit sowie Abhängigkeit führt und ihr innerer Antriebsmotor gehemmt wird. Stattdessen wird der eigenmotivierte Erfolg, also dieser, der aus der eigenen inneren Motivation entstanden ist, als viel nachhaltiger und intensiver erlebt.

Aber bedeutete das nun, dass Marie Fiona nun gar nicht mehr loben soll?

Noch vor ein paar Tagen erst hatte Marie in einem Buch etwas über die Büroklammer-Methode[54] gelesen, die sie eigentlich bei Fiona mal hatte ausprobieren wollen:

„Diese Methode hilft Ihnen dabei, besonders auf die positiven Verhaltensweisen ihres Kindes zu achten. Sie brauchen: 10 Büroklammern, Hosen- oder Rocktaschen auf beiden Seiten – und erhöhte Aufmerksamkeit für das positive Verhalten Ihres Kindes. Morgens stecken sie alle zehn Büroklammer in ihre linke Hosen- oder Rocktasche [...]. Jedes Mal, wenn Sie ihm körperliche Zuwendung gegeben oder ihm etwas Positives über sein Verhalten oder seine Persönlichkeit gesagt haben, nehmen Sie eine Büroklammer aus Ihrer linken Tasche und stecken sie in die rechte. Am Abend sollten alle zehn Büroklammern in der rechten Hosentasche gelandet sein [...]. Noch wirkungsvoller ist es, wenn Sie die Methode mit einem Belohnungssystem ergänzen. Dann schenken Sie Ihrem Kind für friedliche Konfliktlösungen nicht nur Aufmerksamkeit, sondern es bekommt zusätzlich eine Belohnung."

Doch ist das nicht manipulativ, wenn ich mir schon am Morgen eine Strategie zurechtlege, wie oft ich Fiona am Tag loben möchte?, überlegte Marie.

Zufällig entdeckte sie genau dazu etwas im Tagesspiegel, indem stand, das Lob manipulativ sei, abhängig mache und den Erfolg hemmt:

„Tatsächlich gibt es seit einiger Zeit eine Art neues Mantra in der Ratgeberliteratur über Kindererziehung und Pädagogik. [...] Von "Lob-Junkies" ist die Rede. Das seien Kinder, die bis ans Ende ihrer Tage auf einen „Schulterklopfer" angewiesen sind. [...] Pädagogikprofessor Neubert sagt: „Jeder Mensch giert nach Anerkennung." Dennoch gilt: Je gefestigter eine Persönlichkeit ist, desto weniger ist diese von der Meinung und Zuneigung Außenstehender beeinflussbar. Ein Kind, das sich noch am Anfang seiner Identitätsbildung befindet, benötigt im Alltag noch sehr viel Bestätigung. Anders als ein Erwachsener, der auf positive Erfahrungen seines Lebens zurückgreifen kann. [...]"[55]

Doch wie soll denn dann ein kleines Kind lernen, was richtig ist, und was nicht? Fiona braucht doch meine Bestätigung bzw. Beurteilung, wenn sie etwas richtiggemacht hat?

Dazu recherchierte Marie weiter und fand schließlich ein Interview mit Jesper Juul, einem Erziehungsexperten, der meint, es sei eine schlechte Angewohnheit von modernen Eltern, das Kind für alles zu loben, was es tut.

Seiner Ansicht nach würden manche Eltern auf diese Weise „Ich liebe dich" zu ihrem Kind sagen und für andere Eltern wiederum sei es ein Versuch, das Selbstwertgefühl des Kindes zu stärken.

„Beides ist unglücklich gewählt. Lob stärkt zwar das Selbstvertrauen des Kindes; aber wenn das Kind für jede noch so kleine Tat Lob bekommt, wird bei ihm ein falsches Selbstbild erzeugt. Das wird Kinder spätestens dann in Schwierigkeiten bringen, wenn sie herausfinden, dass sie nicht wirklich die Besten in allem sind. Das Risiko hierbei ist, dass die Kinder dann von anderen Kindern mit zu großen Egos gehänselt werden und das Vertrauen in das Feedback ihrer Eltern verlieren. Da die Eltern die Chance verpasst haben, das Selbstwertgefühl der Kinder aufzubauen, werden diese nichts haben, worauf sie zurückgreifen können. Wenn ein kleines Kind versucht zu zeichnen, auf einen Stuhl zu klettern, auf dem Trampolin zu springen, mit Messer, Gabel und Löffel zu essen und die Toilette alleine zu benutzen - all jene Dinge, die jedes Kind lernen muss, - dann kann es sehr unterstützend sein, Lob von den Eltern zu bekommen, egal ob das Kind erfolgreich war oder nicht. Mein Tipp ist, nicht übermäßig viel Lob zu geben und die Stimme dabei zu kontrollieren. Manchmal ist es besser, den Kindern ein persönlicheres Feedback zu geben, etwa: „Ich bin so froh, dass du deine Schnürsenkel jetzt alleine zubinden kannst. Das ist eine große Hilfe für mich. Das wird den Wunsch in dem Kind verstärken, den Eltern wertvoll zu sein, und gleichzeitig das Band zwischen Eltern und Kind stärken.“[56]

Mit diesen Worten konnte Marie sich identifizieren. Von nun an versucht sie stärker darauf zu achten, ihre Tochter nicht für jede Klitzigkleinigkeit in den höchsten Tönen zu loben, damit sie kein verzerrtes, unrealistisches Selbstbild entwickelt. Zudem möchte sie Fionas Handlungen nicht dauernd bewerten (Super schön hast du gemalt! Klasse, wie du den Tisch gedeckt hast! Schön, dass du dich alleine angezogen hast!), sondern stattdessen wertungsfrei sagen, was man beobachtet/ sieht (Hey, auf dem Bild hast du ja ganz viel mit Rot gemalt! Wow, du hast ja schon vier Gabeln für uns hingelegt, da können wir ja schon essen! Du hast dich ja schon ganz alleine angezogen!).

Eigene Gedanken/ Notizen:

… das Sauberwerden

(Fiona ist 2 Jahre und 6 Monate alt, Liam ist 5 Monate alt)

„Bei allem, was man dem Kind beibringt, hindert man es daran, es selbst zu entdecken."
Jean Piaget (1896-1980)

Eltern wechseln über 6000-mal die Windel ihres Kinds, bis es sauber ist.

Und so langsam reicht es mir damit echt!

Wir möchten gerne, dass Fiona sauber wird. Besser gesagt, ich möchte es unbedingt. Ich bin es einfach leid ihre Stinkewindeln zu wechseln und denke, es ist an der Zeit, dass sie auf die Toilette geht.

Der Gedanke ist nicht neu, nein, das Töpfchen steht sichtbar im Bad bereit und hin und wieder ist es auch gefüllt: Mit Puppen, Haargummis, Stiften, Zahnpastagel, manchmal auch sogar mit echtem Fiona-Pipi und -Aa. Aber eben nur selten und völlig unregelmäßig.

Fiona folgte mir gerne zur Toilette und fragte mich immer ganz gespannt „Nur Pipi, Mama?"

Nachdem sich beide Urgroßmütter telefonisch seit Monaten immer mal wieder erkundigten, ob Fiona denn auch brav aufs Töpfchen geht, fühlte ich mich unter Druck gesetzt und überlegte, wie Fiona sauber werden kann, ohne Zwang empfinden zu müssen.

Ich rief meine Eltern mal wieder an, um zu fragen, wie wir denn sauber geworden sind. Da ich drei Geschwister habe und keiner von uns mehr eine Windel trägt, müssen sie es ja wissen...

„Setz sie immer wieder aufs Töpfchen. Morgens als erstes, gleich, wenn auch du gehst. Nimm sie immer wieder mit und setz sie drauf", war die Antwort meiner Eltern.

Also geht es einfach nur um Regelmäßigkeit?, fragte ich mich.

Was mich besonders anspornte, war Folgendes: „Mach das, auch wenn es anstrengend ist. Du wirst total erleichtert sein, wenns klappt!"

Im Internet recherchierte ich, dass Kinder das ganz von alleine machen sollen und Töpfchentraining, so wie meine Eltern mir das erklären, in der heutigen Zeit völlig veraltet ist.

Trotzdem wollte ich es so ausprobieren und Fiona immer mal wieder aufs Töpfchen setzen.

Motiviert, wie ich war, guckten wir zusätzlich Töpfchen-Bücher. „Jakob und sein Töpfchen", „Töpfchen, Schnuller, Teddybär", „Lotta geht aufs Töpfchen", „Pipileicht. Mein Töpfchenbuch" und „Tschüss Windel, hallo Töpfchen" waren nur einige Bücher, die wir uns aus der Stadtbücherei ausgeliehen haben.

Was waren das für abwechslungsreiche spannende Geschichten! Jakob hat ein rotes Töpfchen, Klara ein grünes, Lotta ein blaues, Jona ein rotes... Ha, ha.

Nach ein paar Badezimmer-Töpfchen-Sessions wurde Fiona Töpfchen süchtig und begeistert vom ausgiebigen auf-der-Toilette-Buch-Gucken, aber leider nicht unbedingt vom Pipi machen. Ich hatte das leise Gefühl, dass sie das auch ausnutzte…

Ralph und ich waren schon angenervt vom dauernden Vorlesen und verbrachten nun mehr Zeit im Badezimmer mit unserer Tochter, als am Esstisch.

Immer, wenn „es“ klappte, belohnten wir unser Töchterchen und bestärkten ihr Verhalten. Meistens strich ich ihr über den Kopf und sagte, dass sie ja nun schon soooo groß sei, wie Jona, das große Kindergartenkind, oder „so eine Große, wie Mama und Papa“.

„Wenn du heute Aa auf dem Töpfchen machst, darfst du am Abend mit Liam baden“, lockte ich Fiona dann eines Tages, die natürlich regelmäßig gebadet wird.

Baden mit Liam ist momentan ihr absolutes Highlight und es war eine Verlockung wert, dass mehr als nur Flüssigkeit im Töpfchen landet.

So glaubte ich.

Fiona saß mit hochrotem Kopf drückend auf ihrem Töpfchen, doch ihr Optimismus wurde mehr und mehr von starker Willenskraft und schließlich von Misserfolg gekrönt.

„Kann nicht, Mama“, krähte Fiona frustriert. „Will Liam baden“, fügte sie hinzu und schon kullerten dicke Tränen.

Oh jeee. Jetzt habe ich meine Tochter zu sehr unter Druck gesetzt und sie hat meine Erwartungshaltung gemerkt. Genau das wollte ich doch eigentlich nicht.

Was sollte ich nun tun?

„Wir probieren es nachher nochmal, Fiona. Und heute Abend darfst du mit Liam baden, das verspreche ich“, tröstete ich sie.

Immer wieder setzte Fiona sich auf ihr Töpfchen, aber es kam „immer nur“ Pippi.

Was für ein toller Fortschritt das schon war, redete ich mir ein, doch der Windelverbrauch war immer noch gleich hoch, da sie nach jedem Toiletteneinsatz eine neue Windel forderte.

Natürlich klappte es nicht mehr mit dem Aa machen und ich musste lernen, dass solch Druck und meine Erwartungshaltung überhaupt nicht zielführend waren.

Abends setzte ich trotzdem beide Kinder in die Badewanne und lobte Fiona für ihren Fortschritt. Ich schwor mir, sie nicht mehr so unter Druck zu setzen und nichts Derartiges für ihre „Leistung“ zu fordern. Stattdessen kaufte ich schöne bunte Unterhosen und machte ihr schmackhaft, dass „nur große Kinder“ sowas tragen dürfen. Und wenn wir unterwegs waren, zeigte ich ihr immer wieder Kinder, die keine Windel anhatten.

Langsam aber sicher war Fiona dann auch begeistert von Unterhosen und zog sie dann auch stundenweise an.

Von nun an trug Fiona nur noch leicht ausziehbare Kleidung, wie Leggins, Strumpfhosen, oder Jogginghosen, sodass sie diese schnell selbst herunterziehen konnte, wenn sie musste. Windelslips fand sie persönlich total unbequem.

Natürlich ging immer mal wieder „mehr oder weniger“ etwas in die Hose, vor allem auch beim

Mittagsschlaf. Doch ich denke, dass man eben genau diese Erfahrung machen darf und soll, da man nur so ein Gefühl fürs Trockenwerden bekommt.

Und letztens sagte Fiona nach einem erfolgreichen auf-den-Topf-Gang: „Mama, pipileicht“ und grinste.

Bewährte Tipps fürs Sauberwerden

- Erst ab dem 18. und 36. Monat lernt das Kind überhaupt seine Schließmuskeln (mehr oder weniger) kontrolliert zu beherrschen. Es ist ein ganz individueller Reifungsprozess.[57]
- Erst nachdem das Kind die Körperregionen und -funktionen kennt, sollte gestartet werden.
- Bei einer offenen WC-Tür der Eltern lernt es, dass Ausscheidung etwas ganz Normales ist. Außerdem kann es so seine Neugierde befriedigen und leichter nachahmen.
- Manche Kinder mögen Töpfchen, manche Klobrillen und manche wollen auf der Toilette festgehalten werden. Ausprobieren!
- Töpfchen und Co. sollten auf jeden Fall sichtbar bereitstehen!
- Kaufen Sie zusammen mit ihrem Kind schöne Unterhosen.
- Das Kind nicht zwingen so lange auf dem Töpfchen zu sitzen, bis etwas im Töpfchen ist.
- Bei Misserfolg das Kind trösten und es dazu ermuntern, weiterzumachen.
- Bilderbücher zum Thema Sauberwerden unterstützen und veranschaulichen den Prozess.

- Schimpfen macht das Kind nur traurig.
- Viel Geduld und Wechselkleidung haben!
- Buchtipps:
    - Für Kinder und Eltern: Hörner, Birgit: Edgar ohne Windel: Trocken werden mit dem Töpfchen-Trick. Thekla Verlag, 2018
    - Für Eltern: Bartig-Prang, Tatje: *Pipi. Kacka. Gut gewickelt – ruckzuck windel-frei.* Stuttgart: Trias Verlag, 2015
- Eigene Gedanken/ Notizen:

____

____

____

____

Abenteuer Supermarkt
(Fiona ist 2 Jahre und 7 Monate alt, Liam ist 5 Monate alt)

„Kannst du das Anderssein
eines anderen Menschen nicht verzeihen,
bist du noch weit ab vom Wege zur Weisheit."
Konfuzius (551-479 v.Chr.)

Im Fernsehen hörte ich, dass Familien pro Jahr etwa 4200 € an den Supermarktkassen ausgeben würden.

Bei uns war es auch wieder so weit, dass wir frische Lebensmittel brauchten. Zu viert fuhren wir mit dem Auto für einen Großeinkauf in einen Supermarkt.

Freunde von uns, die drei Kinder haben, fahren nie zusammen einkaufen. Es bleibt immer ein Erwachsener mit den Kindern zu Hause, sodass der andere stressfrei einkaufen kann und es zu keiner Belastungsprobe kommen muss.

„Tut ihr euch das echt an, mit beiden Kindern einzukaufen?" haben sie uns mal gefragt.

Ja, das tun wir, doch mittlerweile meist in sortierter, systematischer Art und Weise: Meist trägt Ralph Liam auf dem Arm, während Fiona einen eigenen kleinen Einkaufswagen schieben darf, oder in einem Spieleinkaufswagen geschoben und von mir beaufsichtigt wird. Zudem gehen wir, wenn möglich, nicht mit hungrigen und/ oder übermüdeten Kindern einkaufen, denn ein Einkauf begleitet von einem Erschöpfungs-Magenknurren-Soundtrack fördert nicht gerade die Gelassenheit.

Übrigens kaufen Familien mit einem oder zwei Kindern am Cleversten ein, was eine Online-Studie der GfK im Auftrag von PENNY über die Einkaufsgewohnheiten der Deutschen im Jahr 2014 herausfand.

„Familien mit zwei Kindern sind Spitzenreiter mit 108,8 Punkten des "Einkaufs-IQs". Dicht gefolgt von Familien mit einem Kind (107,1 Punkte) führen sie vor Familien mit drei Kindern (105,4) und den Haushalten ohne Kindern (104,4) das Ranking aus einer Umfrage unter mehr als 2.000 haushaltsführenden Deutschen ab 18 Jahren an.“ [58]

Zurück zur aktuellen Einkaufssituation.

Wir hatten die meisten Lebensmittel bereits eingekauft und liefen Richtung Kasse. Dort erwartete uns ein am Spieß schreiendes und auf dem Boden herumwälzendes etwa fünfjähriges Mädchen. Ich spreche hier nicht von quengeln, sondern von einem brüllenden Tobsuchtsanfall, der auf einer Schreiskala eine 10 von 10 möglichen Punkten erhalten würde.

Ich konnte mir denken, dass das Mädchen etwas haben wollte, was ihre Eltern nicht erlaubten. Diese standen entspannt wirkend an der Kasse, doch schaute man genauer hin, sah man Schweißperlen im Gesicht des Vaters.

Absichtlich schob ich Fiona genau in Sichtweite des Mädchens, sodass sie die Szene genau betrachten konnte.

„Schau mal, wie sich das Mädchen benimmt. Meine Ohren tun mir schon ganz weh von dem Geschrei“, sagte ich zu ihr.

Fiona war völlig fasziniert, sprachlos und betrachtete das Verhalten des Mädchens. Inzwischen hatte sich die Mutter zu dem mittlerweile hysterisch schreienden Kind auf den Boden gesetzt. Mich hätte es nicht gewundert, wenn das Mädchen von einer Sekunde auf die andere einen Kreislaufkollaps bekommen hätte, bei der Energie, die sie in ihr Geschrei steckte....

„Komm, jetzt treten wir gemeinsam auf den Boden und stampfen noch ein paar Mal. Eins, zwei, drei“, sagte die Mutter zu ihrer Tochter, die das überhaupt nicht wahrnahm.

Wie im Wahn schrie die Tochter weiter und weiter. Ralphs Geräuschpegel-App zeigte etwa 101 Dezibel an.

Eine ältere Kassiererin, die den Auftritt erst aus sicherer Ferne beobachtete, ging dann zu dem Mädchen.

„Was hast du denn? Was möchtest du denn haben?“, fragte sie, während sich zeitglich meine Nackenhaare aufrichteten. Ich war gespannt, wie die Mutter reagieren würde... Und sie tat: Gar nichts!

Das Kind schrie hysterisch weiter, beachtete die Kassiererin nicht, genauso wenig, wie die Mutter. Irgendwann zog sich auch die Kassiererin mit inzwischen roten Wangen wieder zurück.

Was würde der Erziehungsexperte Jesper Juul hier wohl raten??? Oder die Attachment Parenting Mamis, die in ihren Blogs immer alles perfekt zu machen scheinen?

Ich erklärte Fiona streichelnd, dass das Mädchen gerne Gummibärchen gekauft hätte (das sind zurzeit nämlich Fionas Lieblingssüßigkeiten), doch die Mutter hätte ihr verboten, diese zu kaufen.

„Muss das Kind denn da so rumschreien, wenn die Mama nein sagt?“, fragte ich Fiona. Sie schüttelte vehement den Kopf und verdeutlichte das noch mit einem „Nein!“.

Hach, die Szene war wie für uns gemacht, Lernen am Modell, zwar ein bisschen voyeuristisch, aber sehr lehrreich.

Irgendwann verließ die Familie den Supermarkt und das Geschrei ebbte immer mehr ab, je weiter sich das Mädchen von der Kasse entfernte. Sie stapfte ihren Eltern schreiend hinterher, wofür ich mittlerweile auch sehr dankbar war.

Ich fand es total klasse, wie die Mutter reagiert hatte. Sie hat sich nicht von der Kassiererin oder anderen Leuten zu einem strengen oder anderem Verhalten verleiten lassen, sondern ist (soweit ich das beurteilen kann) authentisch geblieben und hat sich von niemandem aus der Ruhe bringen lassen!

Eigene Gedanken/ Notizen:

Unser Lebensmodell, Freizeit und Gerechtigkeit
(Fiona ist 2 Jahre und 8 Monate alt, Liam ist 6 Monate alt)

„Und dann muss man ja auch noch Zeit haben, einfach dazusitzen und vor sich hinzuschauen."
Astrid Lindgren (1907-2002)

Ralph ist heute mal wieder aus. Also außer Haus unterwegs. Ohne uns.

Das war auch schon letzte Woche so, als er zur Gruppenfeier mit seinen Kollegen ging und zwei Wochen davor, als die Traumhochzeit von seinem Chef war (und da wäre ich so gerne dabei gewesen!). Vor drei Wochen war dann ein Polterabend und eine Grillfeier, davor war Weinfest …

Langsam aber sicher könnte mein Umfeld denken, mein Mann würde mich betrügen (Ich denke mal wieder, was andere von uns denken könnten… Schande über mein Haupt, diese Art von Denken wollte ich doch begraben!). Aber nein, es ist halt gerade eine Phase (es ist Sommer), in der dauernd Feiern stattfinden und Ralph seine persönlichen Bedürfnisse ausleben möchte.

Und ich bleibe auf die Kinder aufpassend zu Hause.

Noch in den Fünfzigern durfte eine Frau nicht ohne Erlaubnis ihres Ehemannes arbeiten und wenn sie es doch tat, konnte er ihren Lohn einkassieren. Bis 1958 durfte der Mann nämlich den Anstellungsvertrag seiner Frau nach eigenem Ermessen und ohne deren Zustimmung fristlos kündigen. Erst ab 1977 durfte die Frau bei der Eheschließung ihren Namen auf Wunsch als gemeinsamen Familiennamen wählen.

Da bin ich ganz schön froh selber entscheiden zu dürfen, was ich tue…

Sich um die Familie zu kümmern und zeitgleich erfolgreich im Beruf zu sein, also eine Supermami in Symbiose mit ihrem Beruf, ist heutzutage weder für die Frau, noch für den Mann einfach. Lassen wir das Finanzielle einmal außer Acht und betrachten unser aktuelles Rollenverständnis:

„Der moderne Mann kann nicht mehr den Patriarchen spielen, hat aber noch kein neues Rollenverständnis gefunden."

Dies ist ein Zitat, welches ich auf der Internetseite der Süddeutschen Zeitung unter dem Titel „Männer müssen Feministen werden"[59] gefunden habe.

Und die Frau? Hat sie eine klar positionierte Rolle?

Noch immer müssen wir Frauen uns die gesellschaftlichen, teils ambivalenten Erwartungen anhören: „Du musst dich halt entscheiden, ob du Kinder oder Karriere möchtest. Beides geht nicht!" ist nur ein Beispiel.

Das Vereinbarkeitsthema ist so aktuell, wie nie (ich denke da nur an das Elterngeld Plus).

In den Zwanzigern und Dreißigern sollen Frauen Kinder bekommen, um die Geburtenrate zu stabilisieren, zeitgleich beruflich aber auch Karriere machen und erfolgreich sein.

Auch heute soll das Baby gestillt werden und zwar möglichst lange. Beruflich soll aber auch schnell wieder eingestiegen werden, um nicht auf dem beruflichen Abstellgleis zu landen. Zudem soll das Kleinkind zum Beispiel an emotionaler Kompetenz glänzen, aber bloß nicht zu früh und zu lange fremdbetreut werden!

Wegen dieser Doppelbelastung bleibe ich auf absehbare Zeit zu Hause, bis beide Kinder in den Kindergarten gehen.

Um ein partnerschaftlich gleichberechtigtes Leben führen zu können (das heißt für uns ein Leben, in der jeder seine persönlichen Bedürfnisse ausleben kann), sprechen Ralph und ich genau miteinander ab, wer welche Bedürfnisse und Planungen hat, regeln das und versuchen das Beste draus zu machen. Nur heute ist mein Mann das gefühlte Hundertste mal an der Reihe und kann tun und lassen, was er will!

Ich muss einfach mal jammern.

Seit 12.30 Uhr ist Ralph unterwegs (und ich muss dazu sagen, dass er Elternzeit, also frei hat!).

„Fiona, Schatz, Liebes, ich muss noch mal kurz zur Arbeit und komme dann schnell wieder“, verabschiedete er sich am Mittag, als er Fiona für den Mittagsschlaf ins Bett brachte.

So, nun schaue ich auf die Uhr und es ist 21.52 Uhr. „Gewhats appt“ sehe ich: „Bin unterwegs, Maus, dauert noch eine Stunde etwa“.

Aha! So habe ich mir das zuvor auch schon gedacht. Wie fast immer kann ich den Zeitplan meines Mannes besser einschätzen, als er.

Morgen muss ich zum Ohrenarzt, was etwa eineinhalb Stunden dauern wird und ich zerbreche mir schon jetzt den Kopf darüber, wie Ralph das mit beiden Kindern wohl ohne mich schaffen wird…

Und jetzt, wo er unterwegs ist, zerbricht er sich sicherlich nicht den Kopf, wie ich das mit Fiona und Liam schaffe. Er genießt seine familiäre Auszeit und VERTRAUT mir.

Wie ungerecht! Wie ungerecht, dass ich mich selber so verrückt mache, so viel plane und mir ständig Sorgen mache. Ich wünsche einfach mal wieder unbekümmert das Haus verlassen zu können, doch irgendwie lassen meine Hormone (ich würde sagen meine starken Bindungshormone) das nicht zu und ich denke, das hat zumindest teilweise gesehen evolutionäre Gründe.

Vor einer Woche hatte ich beispielsweise eine Fortbildung im Sauerland. Die Fortbildung dauerte täglich acht Stunden plus abendliche Vorträge. Da ich sehr besorgt war, wie Ralph das für diese Dauer in einer fremden Umgebung schaffen sollte, auf ein Baby und ein Kleinkind aufzupassen, fragte ich meinen Papa, ob er als zusätzlicher Babysitter mal wieder einspringen könnte.

„Klar, gerne“, war seine Reaktion.

Fiona freute sich tierisch auf ihren Opa, sodass Ralph sich sorgenfrei um Liam kümmern konnte. Es war also eine Eins-zu-eins-Betreuung! Klasse Organisation, sodass ich den Kopf wirklich frei haben konnte und nur in den Pausen zum Stillen kommen brauchte.

Es hat alles hervorragend geklappt!

Doch wie oft habe ich während meiner Fortbildung neidische Blicke (von Frauen) gesehen und musste mir dauernd anhören, wie toll die Kinder betreut werden und was ich doch für Möglichkeiten eben durch diese Betreuung habe („Gleich zwei Aufpasser, einer für jedes Kind!", „Ach, wie gut du es doch hast!", „Was für ein toller Opi! Das der sich die Zeit nimmt!? Und dein Mann? Wie oft macht ihr sowas?", „Karriere und Kinder sind wohl nur mit so toller Unterstützung möglich, was?!").

Eine Fortbildungsteilnehmerin fragte „Schafft dein Mann das denn nicht alleine?"

Ich lächelte tapfer, aber innerlich dampfte ich…

Die Kinderbetreuung während meiner Fortbildung war für uns wirklich perfekt arrangiert, aber ich kam mir belächelt vor, dass zwei Familienmitglieder dabei sind, die sich um die Kinder kümmerten.

Mich ärgerte es, dass die weiblichen Seminarmitglieder ein süffisantes Urteil oder einen Kommentar zu der Situation ablieferten, statt es einfach hinzunehmen.

Ich kam mir vor, als würde meine aktuelle Lebenssituation beurteilt werden und das nicht von gerade neutralen Begutachtern.

Wäre es denn besser, ich bringe meine Kinder in eine 24-Stunden KiTa und hole sie nach der Fortbildung ab? Oder müsste ich sie bei den Großeltern abliefern? Oder sollte ich besser gar nicht erst zur Fortbildung gehen und lieber zu Hause drei Jahre „verhausfrauen"? Oder sollte mein Mann mit den Kindern einfach zu Hause bleiben? Keine Ahnung, vielleicht reagiere ich momentan auf das Thema auch einfach nur überempfindlich, denke ich mir dann, um mit dem Thema abzuschließen.

Über das Wetteifern zwischen Karriere-Zicke und Nur-Hausfrauen (die häufig mit einem niedrigeren Status als berufstätige Mutter kämpft) las ich neulich in einem Artikel „Kleine Kinder, große Fragen“ von Cornelie Kister im Süddeutsche Zeitung Magazin. Hier eine gekürzte Version:

„Wir reden längst nicht mehr über den ewigen Streit zwischen Vollzeitmutter und berufstätiger Mutter. Tatsächlich schwelt der Streit – wie ein lautloses Buschfeuer – wesentlich großflächiger. Die Kinderlosen sind längst dabei, obwohl sie mit Mutterschaft gar nichts am Hut haben, außerdem zielt die Einkindmutter gegen die Mehrfachmutter, die unbedarfte Jungmutter gegen die bewusste Spätmutter, die fröhliche Shopping-Mutter gegen die ernst gestimmte Ökomutter. Aber warum ist der Brennpunkt ausgerechnet die Mutterschaft, die doch für all das Gute und Selbstlose im Menschen steht, das Leben Gebende? Weil die Mutterschaft nichts Selbstverständliches mehr ist, seit Frauen entscheiden können, ob und wann und wie viele Kinder sie bekommen. Es entspricht einem Naturgesetz: Wer die Wahl hat und sich freiwillig entscheidet, der oder vielmehr die muss auch dazu stehen. Denn allen Beteiligten droht theoretisch immer der Super-GAU, nämlich dass sie

feststellen oder davon überzeugt werden, dass sie die falsche Wahl getroffen haben. Und dass es dann für eine Umentscheidung zu spät ist, weil die Kinder eben da sind und der Job weg ist, oder halbiert, gedrittelt oder sonstwie reduziert, oder weil nur noch der Job da ist, die fruchtbaren Jahre aber vergangen sind. Das darf nicht passieren, deswegen werden schon mal vorsichtshalber die Krallen ausgefahren, und wenn die eigene Verteidigung schwierig scheint, muss eben zur Rechtfertigung das Lebensmodell der anderen infrage gestellt werden, schlecht gemacht, runtergezogen. Immer noch streiten wir Frauen uns darum, wessen Modell die bessere Mutter hervorbringt: Ist es die, die sich für Jahre ganz auf ihre Kinder einstellt oder die lebensstarke Karrieremutter? Die, die lediglich ein Kind in die Welt setzt, um das sie sich aufmerksam kümmert, oder die, die viele Kinder bekommt? Ist es die, die ihre Biografie nicht aus den Augen verliert und auf bezahltes Kinderpersonal zurückgreift? Ist es die, die sich mit Ratgeberliteratur in Sachen Kindererziehung top informiert, bevor sie sich über die heikle Erziehungsaufgabe hermacht, oder ist es die Spontimutter, die alles intuitiv aus dem Bauch heraus entscheidet? Ist es die strenge und konsequente Mutter oder die liebevolle Kuschelmami?“ [60]

Diese Frage darf jede Mutter für sich beantworten.

Individuell muss entschieden werden, für wen welches Lebensmodell in dieser Phase stimmig ist und am besten passt. Dabei sollte nicht zu streng nach links und rechts geschaut und verglichen werden, denn das kann irritieren und frustrieren.

„Leben und leben lassen", auch wenn man es selbst ganz anders macht, ist eine faire Devise.

Wichtig ist doch, dass sich die Mutter wohlfühlt und ausgeglichen ist. Höchstwahrscheinlich fühlt sich dann auch das Kind wohl, in dem Sinne „geht es mir gut, geht es auch dir gut".

Durch gegenseitigen Respekt und Toleranz sollten sich Vollzeit-Mütter und Karriere-Mamis gegenseitig unterstützen. Doch warum ist die Rivalität unter Müttern so stark? Weshalb konkurrieren wir derart über das beste, schönste und intelligenteste Kind, wie Investmentbanker über Statussymbole?

„Kinder bedeuten ja zunächst Verzicht, Karriereknick, Beziehungsbelastung, und da stellt sich natürlich auch ein gewisses Neidgefühl ein, wenn man das Leben, das man vorher hatte, nicht mehr leben kann. Man möchte ja beides, Kind und Job. Also entwerte ich das andere Lebensmodell, damit mich der Verzicht darauf nicht so sehr schmerzt." [61]

Für unser Lebensmodell, das für uns alle vier am Günstigsten erscheint, haben wir uns bewusst entschieden. Ralph (als Beamter) geht in Vollzeit arbeiten, um uns ein stetiges Einkommen zu sichern, während ich drei Jahre Elternzeit nehme. Zudem ist mir wichtig, in meiner Elternzeit keinen vollständigen beruflichen Stillstand zu

erleiden, sondern diese auch zu Fortbildungen und zur Promotion zu nutzen.
Mit Staunen, teils mit Bewunderung, teils mit Neid, teils mit Ablehnung betrachte ich andere Lebensmodelle, doch respektiere diese, solange ich in meinem nicht angegriffen werde.

Kommen wir noch einmal zurück zur Gerechtigkeit zwischen Mann und Frau: Wenn Ralph manchmal wöchentlich 50 bis 60 Stunden arbeitet, ist da keiner, der ihn öffentlich kommentiert, begutachtet, beurteilt, beneidet, oder ihm ein schlechtes Gewissen einredet!

Bewährte Tipps zur partnerschaftlichen Gerechtigkeit zwischen Mann und Frau

- *„Das Thema der Fairness in romantischen Beziehungen lässt sich auf die Frage konzentrieren, wie sich die Beiträge der Partner gemessen an ihren Ergebnissen "rechnen". Eine Vielzahl von Untersuchungen zeigt, dass die Antwort auf diese Frage mit der Zufriedenheit der Partnerschaft zusammenhängt. Das Ergebnismuster ist Folgendes: Große Unzufriedenheit tritt bei wahrgenommener Benachteiligung auf, mittlere Unzufriedenheit bei wahrgenommener Privilegierung der eigenen Person und hohe Zufriedenheit bei wahrgenommener Ausgeglichenheit."* [62]
- Bei der Wahl, ob Elternzeit, oder nicht, nicht allzu sehr nach links und rechts schauen, denn das irritiert und frustriert oft. Stattdessen das tun,

was das eigene Herz tun möchte und womit man sich wohlfühlt.

- Meine Devise: Geht es uns Eltern mit dem gewählten Lebensmodell gut, dann geht es auch dem Kind gut!
- Eigene Gedanken/ Notizen:

____

____

____

____

Auf dem Weg zum Spielplatz

(Fiona ist 2 Jahre und 8 Monate alt, Liam ist 7 Monate alt)

„Jemand, der niemals Fehler gemacht hat,
hat nie etwas Neues ausprobiert."
Albert Einstein (1879-1955)

Heute Morgen weckte Fiona mich endgültig um 10 Uhr, indem sie mir zwei Packungen Taschentücher aufs Gesicht warf. „Fiona, hör auf damit", zischte ich, was sie nur weiter anstachelte. Liam zahnte zurzeit und somit hatte ich eine sehr schlechte Nacht hinter mich gebracht. Ich blieb länger liegen und versuchte den verlorenen Schlaf nachzuholen, während Ralph bereits um 7.40 Uhr mit den aufgewachten Kindern aufgestanden war (nach einer für ihn ruhigen Nacht).

Wahrscheinlich war Fiona beleidigt, weil ich nicht mitgefrühstückt hatte und das Bett ihrem Spieltrieb vorzog. Jedenfalls warf sie dann einen von Liams Schnullern nach mir und schließlich ein Buch.

„Fiona, hör auf, verschwinde, das tut mir weh!"

Kein so guter Start für einen schönen Familientag... Gestern noch hatte ich in dem Ratgeber „Erziehen ohne Frust und Tränen" von Elizabeth Pantley gelesen:

„Es ist nicht das Verhalten meines Kindes, das meine Wut verursacht. Ich selbst schaffe dieses Gefühl durch meine Interpretation des Verhaltens meines Kindes; meine Wut ist meine Reaktion auf diese Interpretation."

Dadurch, dass ich nun etwas Schlaf nachholen konnte, fühlte ich mich ausgeschlafen. So war auch meine Batterie wieder voll aufgeladen und ich konnte Fionas Verhalten als altersgerecht abstempeln.

Ich wusste, dass sie mich nicht ärgern, sondern einfach nur Aufmerksamkeit bekommen wollte. In dieser Situation ließ ich mich nicht aus meiner Gelassenheit bringen. Wäre das doch mal den ganzen Tag so gut gegangen…

Nachdem ich geduscht und gefrühstückt hatte, fragte ich Fiona, ob sie Lust hat, mit mir zum Spielplatz zu gehen.

„Papa dableiben, Liam auch“, rief sie sofort.

Daher war klar, dass sie mal wieder ungestört mit mir Zeit verbringen wollte, mal nur wir Mädels.

„Fiona, auf welchen Spielplatz möchtest du denn gehen? Auf den Wasserspielplatz?“, fragte ich sie.

„Nein, anderer. Will schaukeln!“

Okay, also war auch das geklärt.

Ich suchte ihre Matschhose und ging noch einmal mit ihr zur Toilette zum Pipi machen. Angezogen und in guter Laune liefen wir los. Nach etwa 30 Schritten kam dann das Wort: „Aa, Mama, Aa!“

„Fiona, musst du Aa?“, fragte ich. Sie überlegte und sagte dann „Nein…“

„Fiona, dann gehen wir jetzt lieber zurück. Ich möchte nicht mit dir auf der Spielplatzwiese Aa machen. Wir waren doch gerade eben auf der Toilette. Ich möchte, dass du das zu Hause machst!“

Innerlich war ich mittlerweile angenervt, ehrlich. Will man einmal zusammen auf den Spielplatz, klappt das natürlich nicht so, wie gedacht. Zurück am Zaungatter zog ich Fiona an der Hand zurück in Richtung Hauseingang. Dort angekommen, ließ ich ihre Hand los und machte mich am Haustürschloß zu schaffen und bat sie einzutreten.

„Nein“, schrie Fiona plötzlich und rannte davon. Brüllend und gleichzeitig atemlos rief ich „Fiona, stopp, wag es ja nicht, weiterzulaufen!“, da wir direkt an einer vielbefahrenen Hauptstraße wohnen.

Ich hätte schwören können, dass sie den Ernst der Lage bezüglich meiner drohenden Lautstärke und meinem Tonfall erkennen würde und sie davon abhält zur Straße zu laufen. Zumal ich schon zigmal erklärt habe, dass die Straße gefährlich sei und sie immer an der Hand laufen muss. Doch was kann man von einem zweijährigen trotzenden Kind erwarten: dass es immer zu einer Überraschung bereit ist!

Schnell rannte Fiona davon, öffnete flink das Gartentor und blieb etwa zwei Meter vor dem Eingang entfernt stehen: mit juchzenden, freudig erregten Augen.

Ich war wutentbrannt. Absolut wütend, dass sie mal wieder nicht auf mich gehört hat. Hier ging es nicht darum, einfach an Mamas Smartphone zu gehen, während diese nicht hinschaut, sondern um ihre Sicherheit. Aber das war in dem Moment für meine Tochter natürlich nicht erkennbar.

In meiner Emotionalität zerrte ich sie wie eine „Assimutter“ den Hauseingang hoch, was sicherlich nicht den legitimen Erziehungsmaßnahmen der heutigen Zeit entspricht. Ich konnte mich kaum beherrschen und hatte die Faxen echt dicke.

„Das geht nicht, das geht einfach nicht, Fiona, warum machst du so eine Scheiße! Ich wollte mit dir zum Spielplatz gehen! Du kannst doch nicht einfach so wegrennen, obwohl du bei mir bleiben solltest, verdammt nochmal“, schrie ich, was einen Sirenen-Weinanfall bei Fiona auslöste.

Eine Stunde später sitze ich hier bei einer heißen Tasse Tee, den Vorfall immer noch verarbeitend, während Fiona ihren Mittagsschlaf macht. Laufend sausen in meinem Kopf Lastwagen und Autos vorbei, die meine Tochter überfahren. Bewusst schiebe ich diese Szenarien weg, was jedoch nicht so einfach ist.

Ralph hatte Fiona nach dem Vorfall beruhigt, während ich mich ins Wohnzimmer zurückzog. Nach kurzer eigener Emotionsregulation sprach auch ich mit ihr darüber, dass ich mich doch auf sie verlassen können muss, wenn wir zusammen wohin gehen.

Mein Herz schlägt inzwischen nicht mehr so schnell und ich schäme mich für mein kindisches Verhalten.

Ich ärgere mich über meine Ungeduld sowie das physische Wegzerren und über meine sprachlich-stilistisch nicht gerade elterngerechte Wortwahl.

Mal wieder begnüge ich mich mit dem Spruch: Wir Eltern (mein Psychologiestudium hin oder her) sind halt auch einfach nur Menschen, die hin und wieder überfordert sind... Fehler sind dazu da, um zu lernen. Und mit Kindern lernt man eben nie aus!

Informationen und bewährte Tipps für den Umgang mit der eigenen Wut

Eltern haben auch nur ein gewisses Kontingent an Selbstkontrolle und können nicht stetig besonnen und gelassen reagieren, das merkt Marie immer wieder.

- *„Wir sollten uns einfach im Klaren darüber sein, dass Kinder es in den seltensten Fällen verdienen, unsere Wut abzubekommen, weil wir die Gründe für ihr Verhalten häufig falsch einschätzen. Wenn wir dieses Wissen im Blick behalten, machen wir einen ersten Schritt in die richtige Richtung. Vielleicht werden wir unsere Wut nicht gänzlich zähmen können, aber wir werden deutlich seltener unkontrolliert explodieren."* [63]
- Typischen Gefahrenzonen vorab aus dem Weg gehen (zum Beispiel lege ich Fionas Kleidung schon am Vorabend raus, um am frühen Morgen nicht mit ihr streiten zu müssen).
- Konflikte gehören zum Familienalltag dazu.
- Sich selbst nicht vergessen! Zeit für sich einplanen und durchsetzen, um wieder zur Gelassenheit zu gelangen!
- Es ist wichtig seinen Ärger als Vorstufe zur Wut zu kontrollieren, um gar nicht erst in den Wutbereich zu kommen. Ich habe eigene Handlungspläne als Vorkehrungen entworfen, um, wenn möglich (!), nicht von blindem Zorn überrollt zu werden:

- Ich versuche frühzeitig meine persönlichen Symptome der Wut (zum Beispiel durch Veränderung der Lautstärke meiner Stimme, Anspannung, dem Ballen der Hände zu Fäusten, Hitzigkeit, schnellere Atmung, Schwitzen, Unfähigkeit gelassen zu bleiben) zu erkennen und atme ganz tief und bewusst durch.
- Ich versuche meinen Verstand (wieder) ein- und auf Gelassenheit zu schalten (denn bei Wut wird ein Teil der rationalen Gehirnhälfte ausgeschaltet).
- Bewusst nehme ich mir eine kurze Auszeit und verlasse die Situation (z.B. gehe in ein anderes Zimmer) und gewinne physischen Abstand, um meinen Zorn abebben zu lassen.
- In einem Ratgeber wird Folgendes geraten, wenn man nicht mehr weiß, wohin mit sich: *„Sich kurz wegdrehen, aus dem Fenster schauen und dreimal tief durchatmen. Einmal auf den Balkon gehen und Luft holen. Dreimal tief durchatmen. Ins Schlafzimmer gehen und ordentlich die Kissen aufschütteln. Trampolin springen. Seilspringen. „Ommmm“ sagen (da muss man sowieso schon lachen). Fünf Sit-ups machen. Ins Bad gehen und Hände waschen. Sich kaltes Wasser ins Gesicht klatschen. Wäsche sortieren. Blumen gießen. Sich ein Glas Wasser eingießen und in kleinen Schlucken trinken. [...] Wenn es lustig ist – lachen! Wann immer es Ihnen möglich*

ist, nehmen Sie es mit Humor (das tut Ihrer Autorität keinen Abbruch).“

- Ich sage mir, dass Fiona mich nicht ärgern will, sondern nur ihren Willen durchsetzen möchte.
- Bin ich rational wieder standfest, rede ich kontrolliert und liebevoll in Ruhe mit Fiona über das eigentliche Problem, um die Situation abzuschließen und lasse mich nicht wieder aus der Ruhe bringen.
- Und als Abschlussplädoyer: *„Einhundertprozentige Perfektion in Sachen Erziehung und Elternsein ist ein unmögliches Ziel. Schon wer 70 Prozent schafft, macht seine Sache ganz ausgezeichnet, und das kann in einer glücklichen Familie durchaus erreicht werden. Selbst unter Berücksichtigung der ganz normalen Reibungen, Erschütterungen und schlechten Augenblicke führen diese 70 Prozent Erziehungserfolg zu prächtig wohlgeratenen Kindern.“* [64]

Eigene Gedanken/ Notizen:

___

___

___

___

Informationen: Wie ist das denn jetzt mit dem Entschuldigen?

Marie denkt darüber nach, wie sie sich gestern Fiona gegenüber verhalten hat. Eltern sind auch nur Menschen, keine Roboter, keine Freunde der Kinder und keine Allwissenden.

Genau, Eltern sind Eltern, die Fehler machen dürfen, weil sie einfach passieren und menschlich sind, überlegt sie. *Aber ich habe Angst, dass das immer wieder vorkommt.*

Gestern hatte Marie auf dem Weg zum Spielplatz die Beherrschung verloren und Fiona grob am Arm gepackt und sie wieder ins Haus weg von der Straße gezerrt, herumgeschrien und Sachen gesagt, die man als rational denkender Erwachsener eigentlich nicht sagen sollte („Das geht nicht, das geht einfach nicht, Fiona, warum machst du so eine Scheiße! Ich wollte mit dir zum Spielplatz gehen! Du kannst doch nicht einfach so wegrennen, obwohl du bei mir bleiben solltest, verdammt nochmal!"). Erst einmal beruhigte Marie sich wieder und dann schämte sie sich für ihr unsanftes Verhalten. Maries Verstand war ganz einfach ausgeschaltet und ihre Wut hatte sie überrollt.

Soll ich mich nun bei Fiona explizit für mein Verhalten entschuldigen oder nicht?, grübelt sie weiter.

Liest man sich in Erziehungsratgeber ein, ist das wie mit allen Dingen: Der eine sagt ja, der andere plädiert zum Nein. Entschuldigen und um Verzeihung bitten, nachdem man die Grenzen des zwischenmenschlichen

Miteinanders verletzt hat, zeigen Charakterstärke, Respekt und Vorbildfunktion vor dem Kind.

„Wenn auch Ihr Kind Mitschuld an dem Geschehen trägt, können Sie ihm erklären, dass trotz Ihrer unangemessenen Reaktion auch sein Verhalten nicht in Ordnung war. Aber machen Sie keine Gardinenpredigt daraus, und erwecken Sie nicht den Anschein, Ihr Kind sei verantwortlich für Ihr Handeln." [65]

Und wie macht man das genau? Da wir Eltern als Erwachsene in der Erziehungsverantwortung stehen, sollten wir „zu dem Kind hingehen, in die Hocke gehen und uns entschuldigen können, wenn wir ungerecht waren. Es wäre einfach falsch, darauf zu warten, dass das Kind in dem Fall den ersten Schritt tut." [66]

Und warum soll man sich nun entschuldigen? Marie wünscht sich in ihrer Familie eine Atmosphäre, „in der sich, wenn es angebracht ist, jeder bei dem anderen entschuldigt. Kinder machen so die Erfahrung, dass sich entschuldigen nicht gleichbedeutend mit sich kleinzumachen, sich beschämen ist. Vielmehr ist es ein Zeichen von Stärke und Selbstbewusstsein. Wenn die Kinder älter werden, haben Sie damit ein Instrument in der Hand, wie sie selbstbewusst mit Fehlern umgehen können, ohne das Gefühl zu haben, ihr Gesicht zu verlieren." (Ulla Nedebock)

Urlaub an der Ostsee
(Fiona ist 2 Jahre und 8 Monate alt, Liam ist 7 Monate alt)

„Unsere ganze Gesellschaft
ist aufgebaut auf dem Ich.
Das ist ihr Fluch,
und daran muss sie zugrunde gehen.“
Theodor Fontane (1819-1889)

In drei Tagen wollen wir an die Ostsee fahren.

Juchuuu!

Ich freute mich seit Wochen auf Sonne und Wind, Dünen und Strand, Sand und Burgen bauen, erfrischendes Salzwasser, frischen Fisch essen, Quallen fangen und Schlauchboot fahren.

Als Kind waren wir mit meiner Familie jedes Jahr dort. Nun freute ich mich sehr darauf meinem Ehemann und meinen Kindern diesen wunderschönen Ort zu zeigen.

Doch bis wir da sind, galt es noch ein paar Dinge zu erledigen: Vorbereitungen für unsere Abwesenheit treffen und Urlaubssachen packen. Das Letztere fällt in meinen Zuständigkeitsbereich, während Ralph fürs Einpacken im Wagen verantwortlich ist.

Meine Stresshormone waren seit Tagen erhöht und ich machte mir Sorgen darüber, etwas Wichtiges zu vergessen. Zum Glück gibt es im Auto keine Freigepäckbestimmungen!

Hach, ich wünschte ich wäre diesbezüglich unbekümmerter und unbeschwerter. Wenn ich ans Sachen Packen denke, fluche ich innerlich.

Schon Wochen zuvor habe ich mir Kleinigkeiten überlegt, die uns den Urlaub mit zwei Kleinkindern vereinfachen sollten. So nahmen wir statt des geräumigen Kinderwagens lieber Fionas knallpinken Buggy mit sowie ein Tragetuch, um Platz zu sparen. Liam wird das erste Mal in einem Buggy liegen, statt in der Babyschale im Kinderwagen…

Baby, wie schnell du doch wächst!

„Der Schlüssel für die Dachbox ist weg, pack weniger ein“, sagte Ralph dann einfach so, als wäre das kaum von Bedeutung.

Ich fühlte, wie mein Cortisollevel seinen Höhepunkt fand und schrie: „Dann besorg halt eine andere Dachbox, oder einen Ersatzschlüssel, sonst bleiben wir alle hier!“, während Fiona und Liam mich entgeistert anblickten.

In imposanter Sturheit erklärte ich weiter, dass ich erst mit dem Packen beginnen würde, wenn eine Dachbox auf dem Auto installiert sei.

Bei unserem letzten Sommerurlaub wurde es in unserem Kombi schon zu dritt sehr eng. Und nun mit einer weiteren Persönlichkeit an Bord, würde es noch mehr Platzprobleme geben.

Man, was war ich wütend auf Ralph. Seit Wochen hatte ich gesagt, dass wir diese Dachbox brauchen und ich habe ihm vertraut, dass das wohl klappen wird. Die Dachbox war bei seiner Mutter gelagert, weil sie die für ihren letzten Skiurlaub gebraucht hatte. Und nun war der verdammte Schlüssel nicht aufzufinden…

Es folgte ein Tag an dem wir Eltern nur das Nötigste miteinander redeten, bis Ralph endlich am Nachmittag vor unserem Abreisetag einen Ersatzschlüssel aufgetrieben hatte. Ich stürzte mich zufrieden in Ralphs Arme und sagte „Na, geht doch".

Das Packen konnte beginnen!

Für Liam packte ich alle verfügbaren Bodys in Größe 68, zwei Schlafsäcke, zwei Krabbeldecken, vier Schlafanzüge, drei kurze und drei lange Hosen, vier T-Shirts und vier Pullover, zwei Strumpfhosen, zwei Jacken, einen Kinderwagensack, sechs Paar Socken, zwei Sonnenhüte, Sonnencreme, das Babyphone, vier Schnuller, 72 Windeln in Größe vier, Fieberzäpfchen usw. Ihr könnt euch vorstellen, es wurde noch ein langer Abend…

Nachts um 3.30 Uhr fuhren wir pünktlich los und brachten 620 km hinter uns, bis wir endlich um 11 Uhr das Meer und unsere Ferienwohnung erblickten. Und Opa Rainer, der an der Ostsee Segeln war und uns im Anschluss an sein Segeln ein paar Tage besuchen und unterstützen würde.

Vor ein paar Jahren wäre es noch schier undenkbar gewesen, zusammen als Paar mit meinem Vater in den Urlaub zu fahren. Doch für uns war es die schönste Nachricht seit langem. Fiona freute sich auch riesig und stürzte sich gleich freudig brüllend „Opa Raaaaineeeer" in seine Arme. Unsere „Nanny" war pünktlich und begehrt, was will man mehr!

Die Ferienwohnung lag mitten zwischen Meer und Binnensee, die Geräumigkeit war klein, aber fein, doch die Aussicht war einfach perfekt.

Ich atmete ganz bewusst die salzige Luft ein.

Hier können wir uns ein paar Tage entspannen!

Nach ein paar Tagen Urlaub war mal wieder Strandtag. Opa Rainer ist mit Ralph und den Kindern vorgegangen, damit ich mal Zeit für mich alleine in der Ferienwohnung haben konnte. Herrlich!

Ich schlürfte genüsslich eine Tasse Tee, blätterte in einer Zeitschrift, ging mal ganz in Ruhe zur Toilette und freute mich schon auf die Sonne, den Strandkorb, das Meer und die gesamte Strandatmosphäre. In Vorfreude cremte auch ich mich ein.

Am Strand angekommen, wollte ich unsere netten Strandkorbnachbarn begrüßen, doch erinnerte mich daran, dass diese leider abgereist waren. Stattdessen blickte ich auf die nackten Brüste einer Frau. Mit einer Chipstüte in der Hand starrte sie zurück. Dann drehte sie sich um und ich war einem weiteren optischen Reiz ausgeliefert: Ihr fast nackter Hintern wurde nur von einem sehr schmal sitzenden String-Tanga bedeckt. Innerlich stöhnte ich auf, jedoch nicht vor sexueller Erregung, sondern vor Beschämung und Entsetzen. Na ja, vielleicht war da auch ein klitzekleines bisschen Neid vor ihrem strotzenden Selbstbewusstsein im Spiel.

Wir sind doch hier nicht am FKK-Strand, dachte ich innerlich angepisst.

Wenigstens war sie nicht blond, sonst hätte ich Ralph und Opa Rainer vom Strand verbannen müssen, die mich schon süffisant grinsend begrüßten.

„Jasmin, Kevin, beschäftigt euch doch einfach mal alleine und nervt mich nicht", raunte die Strandkorb-Tussi von nebenan ihren beiden Kindern zu.

In dem Moment kam ihr Freund/ Mann mit vollen Händen zum Strandkorb. Er hatte Brustwarzenpiercings, war gänzlich übersäht mit Tattoos und trug eine normale Badehose, *Gott sei Dank kein String!* Doch besonders auffallend war sein leuchtend roter Kopf, der anscheinend der Sonne zu lange schutzlos ausgeliefert war.

Er hatte Essen geholt, reichlich Pommes mit Mayo und Ketchup. Die Kinder rannten ihrem Vater freudig entgegen. Sie trugen weder Kopfbedeckung, noch Sonnenbrille, sondern nur ihre knappe Badekleidung. Gleich nach Ankunft des Vaters begannen sie mit dem Essen. Als Getränke gab es natürlich Fanta und Cola aus der Plastikflasche, zum Nachtisch ein Eis.

Ich persönlich habe überhaupt nichts dagegen, wenn man mal Pommes oder Süßigkeiten isst, aber in der Kombination musste ich doch erstmal schlucken.

Immer wieder musste ich zu dieser Familie hinüberschauen, obwohl ich das eigentlich gar nicht wollte.

Ihr Strandkorb war völlig in die Sonne gerückt und die Kinder hatten selbst beim Essen keinen Schatten und auch keine Kopfbedeckung, dabei ist die Haut von Kindern doch besonders empfindlich. Ihr Vater hatte mittlerweile eine richtig rote Leuchtbirne vom extremen Sonnenbaden.

Wie kann man seine Kinder so schutzlos der Sonne ausliefern und das auch noch in der Mittagshitze?, fragte ich mich.

Am liebsten wäre ich hingegangen und hätte die ganze Familie mit Sonnencreme eingesprüht und in den Schatten verbannt. Mittlerweile weiß doch jeder, dass die UV-Strahlen der Sonne gefährlich sind und dass besonders zwischen 11 bis 15 Uhr.

In der Süddeutschen Zeitung habe ich gelesen, dass jährlich etwa 15.000 Menschen an schwarzem Hautkrebs erkranken. Kinder bekommen im Durchschnitt eine dreimal so hohe Sonnendosis pro Jahr ab, wie Erwachsene (bezogen auf den Alltag). Also sollte man doch gerade im Urlaub daran denken, sich selbst und die Kinder vor zu starker Sonnenstrahlung zu schützen!

Sonnencremes gibts doch in jedem Supermarkt...

Ich regte mich auf, steigerte mich in die Situation rein und konnte den Strandtag und meine Familie für ein paar Stunden gar nicht genießen.

Und natürlich kam es an dem Tag noch zu einem Eklat.

Opa Rainer und Ralph waren mit Fiona Muscheln suchen und bekamen von der Situation erst einmal gar nichts mit. Irgendwann begannen die Kinder unserer Strandkorbnachbarn mit Steinen zu schmeißen. Und nach kurzer Zeit flogen auch Steine recht nah an unserem Strandkorb vorbei. Liam krabbelte im Schatten unseres Strandkorbes und blieb irritiert vor einem zu Boden fallenden Stein sitzen.

„Hey, hört sofort auf mit Steinen zu schmeißen! Das ist gefährlich, hier liegt mein Baby“, rief ich den Kindern energisch zu. Diese liefen heulend zu ihrer Mutter, die mich mit finsteren Augen anblickte. Offensichtlich war diese nicht begeistert von meiner Ermahnung...

„Schreien Sie meine Kinder nicht so an“, schnauzte sie und kam wütend ein paar Schritte auf mich zu.

Zwischen uns war nicht mehr viel Abstand, vielleicht noch ein halber Meter!? Sie schaute mich, wie ein Raubtier auf seine Beute starrend, an.

Wenn Blicke töten könnten! Irritiert schüttelte ich über ihr Gaffen, ihre sonderbare Reaktion und Körpernähe den Kopf und trat von ihr zurück.

Kann sie ihre Blagen denn nicht einfach selbst darauf hinweisen, dass man nicht mit Steinen schmeißt? Und schon gar nicht am Strand!?

Innerlich sah ich uns schon Fäuste ringend am Boden umherkämpfen, richtig Bitches-like. Boa, was war ich wütend, doch ich schluckte meinen Ärger runter.

Was sollte ich mit dieser Frau diskutieren? Ich bin hier, um Urlaub zu haben und nicht, um andere Menschen von Erziehungsmaßnahmen zu überzeugen.

Das zum Angriff übergehende oben-ohne Raubtier im String-Tanga, warf mir noch ein paar böse Blicke zu und wurde dann von ihrem Mann murmelnd zum Strandkorb zurückgezogen.

Die nächsten Stunden verbrachte ich sorgsam darauf achtend eine friedliche Atmosphäre auszustrahlen (ich schaute einfach nicht mehr zu ihnen rüber).

Zum Glück reiste die Familie am nächsten Tag ab und ich konnte mich wieder voll und ganz auf uns und unseren Sonnenschutz konzentrieren.

Übrigens gab es bei uns am nächsten Tag Pommes mit viel Mayo und Ketchup, zum Nachtisch jedoch Möhren und als Getränk: Wasser.

Bewährte Tipps fürs Verreisen

- Frühzeitig, entspannt und gut vorbereitet packen.
- Kinderfreundliche Hotels/ Urlaubsorte aussuchen (zum Beispiel Minidisko, Kinderbuffet, Strandnähe, Kinderbetreuung, Spielplätze).
- Bei langen Autofahrten, Zug- oder Flugreisen gut durchdachtes Beschäftigungsmaterial und Proviant mitnehmen.
- Dem Kind vorab mitteilen, was Urlaub bedeutet und zusammen Bilderbücher über das Verreisen ansehen und Vorfreude wecken.
- Eigene Erwartungen herunterschrauben, damit man nicht enttäuscht wird. Sind die Eltern entspannt, so spürt dies das Kind und entspannt sich dann mit hoher Wahrscheinlichkeit auch.
- Vorab Regeln für Restaurantbesuche aufstellen und Tischmanieren schon zu Hause üben.
- Langeweile vorbeugen (zum Beispiel Spielsachen mit ins Restaurant nehmen).
- Gewohnte Tagesabläufe im Urlaub weitestgehend einhalten (zum Beispiel Mittagsschlaf).
- Genug Sonnencreme mitnehmen!

- Sich (und der Familie) im Urlaub auch mal etwas gönnen! Urlaub ist Urlaub!
- Eigene Gedanken/ Notizen:

Serienjunkies

(Fiona ist 2 Jahre und 9 Monate alt, Liam ist 8 Monate alt)

„Man kann sich über seine Fehler beruhigen, wenn man die Stärke besitzt, sie zu gestehen."
François VI. Herzog de La Rochefoucauld (1613-1680)

Ich weiß nicht, ob deutlich geworden ist, dass auch unser zweites Kind unser Leben noch einmal so richtig auf den Kopf gestellt hatte...

Liam schlief im ersten Lebensmonat insgesamt sicherlich täglich seine 15 bis 16 Stunden, doch jedoch maximal zwei Stunden am Stück. Das bedeutete, dass ich nachts (wenn überhaupt) immer nur kurz in Tiefschlafphasen kam, unser Tagesablauf wieder einmal völlig chaotisch ablief und wir uns das abendliche 20:15 Uhr Abendprogramm abschminken konnten.

„Du musst heute um viertel nach acht unbedingt den Lokal-Tatort gucken", rief meine Mutter mich mal an. Doch ich wusste gleich, dass diese Uhrzeit mit unseren beiden Kindern nicht zu vereinbaren sei, da Fiona und Liam dann noch wach sind... Daher sind Ralph und ich dem abendlichen Free-TV abtrünnig geworden und mutierten zu Serienjunkies.

Die zeitliche Unabhängigkeit von Streamingdiensten erlaubt es uns, zu einer uns beliebigen Uhrzeit den Fernseher einzuschalten (meist gegen 20:45 Uhr), zu stoppen (20:46 Uhr: Fiona ruft aus ihrem Zimmer: „Paaapaaa, ich muss nochmal Pipi", 20:50 Uhr: „Maaaamaaa, ich habe Durst!“ und 20:51 Uhr: Liam ist durch Fionas lautes Rufen aufgewacht), weiter zu schauen und schließlich irgendwann wieder zu stoppen (23:01 Uhr, viel zu spät, wieder einmal viel zu spät), um beim nächsten Fernsehabend bequem weiterschauen zu können.

Normalerweise sollte es ja eigentlich so sein, dass man dazu gelernt hat und den Fernseher nach einer Folge, oder maximal zwei Folgen, brav ausschaltet, weil man ja weiß, dass Babys nachts hungrig sind, die Windel(n) gewechselt werden muss/ müssen und das individuelle Schlafbedürfnis auch gestillt werden möchte.

Doch stattdessen läuft es bei uns an Fernsehabenden immer nach der gleichen Masche ab: *„Nur-noch-eine-Folge, es-ist-gerade-so-spannend“,* meint der eine, während der andere nur herzhaft gähnt „Jaaaaa, aber wirklich nur noch eine Folge!“

Doch die Folge des Daueradrenalins, das Eintauchen in andere Realitäten führt zur exzessiven, stundenweisen Alltagsflucht. Es folgt noch eine Folge und dann noch eine Dosis von 40 bis 60 Minuten (denn so lange dauert in etwa eine Serienfolge, die dafür sorgt, dass wir es kaum erwarten können, die nächste anzuschauen).

Für den Moment befriedigt, schleppe ich mich dann ins Bett, wobei mein Blick (trotz stoischen Wegguckens) die Uhr streift. Wieder einmal schwöre ich verzweifelt, wie eigentlich jeden Abend, schnell einzuschlafen, morgen Abend dann mal früh ins Bett zu gehen und nur eine einzige Folge anzugucken!

Eine Folge als abendliches Highlight sollte eigentlich reichen, aber ich gebe zu, wir sind süchtige Serienjunkies...

Seriensucht

- „Binge-Watching" nennt man den Serienmarathon, wenn man nach einer Serie gleich die nächste, übernächste und die überübernächste Folge anschaut.
- Bei „Purge-Watching" besteht ein innerlicher Zwang, das zu beenden, was man angefangen hat (obwohl man die Serie eigentlich doof findet).
- Bei der Seriensucht möchte man sich mit den einzelnen Spielfiguren verbinden.
- Der Medienpsychologe Jo Groebel erklärt, dass Binge-Watching exzessiven Konsum mit hoher Aufmerksamkeit verbindet, wobei die gesamte Konzentration auf das Geschehen gerichtet wird. *„Beim normalen Fernsehkonsum ist der Zuschauer öfters abgelenkt. Das wird in der Forschung häufig unterschätzt."* [67]
- *„Die Fernsehserie ist die Geschichte am Feuer, der Fortsetzungsroman des 20. und 21. Jahrhunderts – und mit der Erfindung der DVD, von Pay-TV, Serien- und Filmflatrates [...] nun endlich zu seiner vollen Blüte gekommen."* [68]
- Wichtig ist die eigene Selbstbeherrschung. Am besten legt man zuvor fest, wie viel Zeit man vor dem Fernseher am Abend bereit ist, „zu verplempern".

Resümee Sommerabschluss
(Fiona ist 2 Jahre und 9 Monate alt, Liam ist 8 Monate alt)

„Sei ehrlich mit dir selbst,
damit du mit dem Kind ehrlich sein kannst."
Janusz Korczak (1878–1942)

Ich wünsche mir momentan nichts sehnlicher, als dass Fiona in den Kindergarten geht. Dabei hätte ich nicht gedacht, dass ich mal wagen würde, diesen Satz auch noch aufzuschreiben…

Der Termin steht auch schon seit langem fest.

Morgen ist es so weit und ich kann es kaum erwarten. Seit einer Woche sind wir aus dem Urlaub zurück, Ralph arbeitet wieder und ich habe mit Liam und Fiona alle Hände voll zu tun und das 24 Stunden am Tag.

Mindestens zweimal pro Woche gehen wir auf Spielplätze, beinahe jeden Tag in den Garten, wo Nachbarskinder sind, mittwochs besuchen wir die Turnstunde für unter Dreijährige und etwa einmal pro Woche besuchen wir Freunde bzw. bekommen Besuch, sodass Fiona Kontakt mit Gleichaltrigen hat.

Ich bin überzeugt davon, dass wir Fiona die bestmögliche Frühförderung für ihre ersten beiden Lebensjahre gegeben haben, in vertrauter Umgebung und liebevoller, individueller Begleitung. Und ich bin sehr froh, dass ich sie in dieser Zeit begleiten durfte. Doch bis zum Sankt-Nimmerleinstag würde ich das auch nicht tun wollen, denn mir wird das alles zu viel und ich brauche auch einfach mal Abwechslung, denke ich.

Neulich las ich folgenden Satz, der mir sehr ans Herz gewachsen ist und mir hilft mich nach Streitereien mit Fiona besser zu fühlen:

„Unsere Aufgabe als Eltern ist nicht, Kinder vor Schmerz zu bewahren, sondern ihnen empathisch tröstend auf ihre Emotionen zu antworten."[69]

Dauernd fechten Fiona und ich irgendwelche Machtkämpfe aus und ich habe das Gefühl, ihr kaum noch gerecht werden zu können Auf dem Spielplatz mischt sie sich schnell unter die KiTa-Kinder und ist immer ganz enttäuscht, wenn diese zum Mittagessen wieder in ihre Einrichtung aufbrechen. Sehnsüchtig blickt sie ihnen nach und ist kaum damit zu besänftigen, dass es bei uns zu Hause gleich „leckere Nudeln" gibt.

Außerdem merke ich, wie Liam vernachlässigt wird. Mit Baby Fiona ging ich damals stundenlang spazieren, doch mit Liam sind es immer nur Spaziergänge zu Fionas Turnstunde, zum Spielplatz, zum Bäcker, oder zu Fionas Freunden.

Nun ist der Zeitpunkt an dem ich wahrnehme, dass Fiona andere Kinder braucht, Gleichaltrige, die in etwa das gleiche Kompetenz- und Machtverhältnis besitzen, wie sie!

Fiona kommt in den Kindergarten
(Fiona ist 2 Jahre und 9 Monate alt, Liam ist 8 Monate alt)

„Wenn die Kinder klein sind, gib ihnen Wurzeln;
wenn sie groß sind, gib ihnen Flügel."
Johan Wolfgang von Goethe (1749-1832)

Heute war es dann so weit: Fiona hatte ihren ersten Tag im Kindergarten!

Ich bin so glücklich und stolz und freue mich für meine große Tochter, die so gerne in den Kindergarten geht...

Mein-Fels-in-der-Brandung-Ehemann hatte am Montag laut Dienstplan eh frei und konnte sie in den Kindergarten bringen. Dort angekommen, zeigte sie beim Verabschieden keine Anzeichen von Traurigkeit und schaute sich erstmal an, was die anderen Kinder machten.

Viele Kinder aus Fionas KiTa-Zeit waren in ihrer Gruppe und erleichterten ihr das Ankommen. Gleich drei Stunden durfte sie dortbleiben und alles klappte prima.

„Fiona macht das hervorragend, ganz wunderbar", sagte ihre Erzieherin.

Und auch ich war diesmal überhaupt nicht mitgenommen, besorgt oder ängstlich, sondern fand, dass Fiona den Kindergarten wirklich braucht und ihr (und auch mir) guttun würde.

Ich blieb zu Hause, um an meiner Dissertation zu arbeiten, während Liam sich neben mir auf dem Teppich selber beschäftigte. Bis er dann nach gefühlten fünf Minuten (es waren aber eher zwanzig Minuten) keine Lust mehr dazu hatte. Er krabbelte zu mir, zog grinsend an meinem Laptopkabel in der Erwartungshaltung, dass die Mama zwar böse „Neeeein!“ sagt, ihn dann jedoch schmunzelnd auf den Arm nimmt und ihre Arbeit unterbricht, was auch geschah.

Aufmerksamkeit ist doch eigentlich das, was wir alle wollen... Ob Babys, Kinder oder Erwachsene, Hauptsache Aufmerksamkeit am besten verbunden mit Wertschätzung. Also knuddelte ich Liam durch und dachte, dass ich auch noch später am Laptop arbeiten könne... Nur leider war ich nach dem Kinder-ins-Bett-bringen so müde, dass ich das Arbeiten gähnend weiter nach hinten verschob... und der wissenschaftlichen Arbeit keine Aufmerksamkeit mehr widmete...

Bewährte Tipps bei Zeitdruck am Morgen

- Früh genug aufstehen.
- Die eigenen Anziehsachen sowie die Kinderkleidung schon am Vorabend rauslegen.
- Selbst geduldig und respektvoll agieren, denn Stress überträgt sich schnell.
- Sich immer vorstellen, den Anderen so zu behandeln, wie man selbst gerne behandelt werden möchte. Gerade das unterscheidet uns Erwachsene ja vom Kind sein, nämlich ganz erwachsen zu reagieren!
- Buchtipp für Kinder: Mach schnell, Willi Wiberg von Gunilla Bergström, Oetinger, 2009

Abholen im Kindergarten
(Fiona ist 2 Jahre und 9 Monate alt, Liam ist 8 Monate alt)

„Jede schwierige Situation, die du jetzt meisterst, bleibt dir in der Zukunft erspart."
Dalai-Lama

Fiona hat sich sehr gut im Kindergarten eingelebt. Seit 17 Tagen (Wochenenden nicht mitgezählt!) freut sie sich jeden Tag aufs Neue, dorthin zu dürfen. Gesundheitlich klappt es bisher prima, nur, dass sie immer mal wieder eine Laufnase hat, dafür ist dann ständig das Meerwassernasenspray im Einsatz.

An Wochenenden fragt Fiona „Ist heute Kindergarten?", worauf ich erklären muss, dass an Samstagen und Sonntagen der Kindergarten geschlossen hat, weil die Erzieher auch mal Zeit mit ihrer Familie verbringen möchten. Fiona schaute mich danach missmutig mit einem richtigen Schmollmund an.

So hatte ich mir das nicht ausgemalt, dass mein Töchterchen lieber im Kindergarten abhängt, als das Wochenende mit uns zu verbringen...

Meistens ist Fiona eine der Letzten, die morgens gebracht und auch eine der Ersten, die abgeholt wird. Außerdem kommuniziere ich mit ihr klar und deutlich, dass ich sie gleich nach dem Mittagessen (gegen 12.15 Uhr) abhole.

Der Spruch *„Man soll aufhören, wenn es am schönsten ist"* passt in diesem Zusammenhang ganz gut, denke ich. Und so habe ich das auch heute wieder gemacht. Fiona trägt extra ein schickes, gepunktetes Kleid, da nämlich der Fotograf kommt!

Ich erinnere mich gerne an meine eigene Kindergartenzeit, wenn ich mir meine Kindergartenfotos anschaue. Letztens habe ich Fiona gezeigt, wie ich in ihrem Alter ausgesehen habe, was sie total spannend fand.

„Mama, das bist du, so klein, wie iiiiich?“

Während ich Fiona in den Kindergarten brachte, beobachtete ich, wie eine Mutter von ihrem Sohn forderte: „Wenn der Fotograf ein Foto macht, musst du schön lächeln, Noah. Zeig mir nochmal dein Lächeln, los, cheeeeeeseeee, lächeln!“

Noah klammerte sich an seine Mutter und fand das total doof. Er wollte gar nicht erst in den Kindergarten, sondern lieber wieder mit seiner ihn zum-Zähne-Zeigen-auffordernden Mutter. Die Erzieherin versuchte Noah abzulenken, damit seine Mutter verschwinden konnte, doch er merkte, dass seine Mutter nun gehen wollte, weinte inbrünstig und rief laut „Ich will keine Fotooooo!“

Glücklicherweise zeigte sich Fiona von der Szene ganz unbeirrt, zog ihre Jacke und Schuhe aus und sauste in ihre Kindergartengruppe. Gerade konnte ich ihr noch hinterherrufen, dass ich sie nach dem Mittagessen abholen würde.

Auf dem Nachhauseweg dachte ich darüber nach, wie verschieden Kinder doch sind. Meiner Tochter machte das gar nichts aus, dass ein Fotograf kommt.

Oder warten wir lieber erst mal ab, was nach dem Kindergarten Sache ist!?

Wieder zu Hause verbrachte ich mit Liam einen gemütlichen Vormittag. Ich wollte mir gerade die Schuhe anziehen, um Fiona abzuholen, als das Telefon klingelte.

„Wäre es möglich, wenn Sie Fiona erst in einer Stunde abholen würden? Der Fotograf braucht noch ein bisschen. Und wir wollen auch noch ein Gruppenfoto machen“, bat Fionas Erzieher vom Kindergarten.

Das war doch kein Problem!

Direkt nach dem Anruf klingelte erneut das Telefon.

„Soll ich heute Fiona aus dem Kindergarten abholen?“, fragte Tinta.

Hach, das wird ja immer besser!

„Gerne, aber du brauchst erst in einer Stunde los. Der Fotograf ist heute da, das dauert länger.“, antwortete ich.

Liam war eingeschlafen und ich legte meine Füße auf den Tisch.

Was für ein schöner Moment. Mein Sohn ist eingeschlafen und meine Tochter wird aus dem Kindergarten abgeholt. Nun brauch ich mal gar nichts tun.

Nach einiger Zeit hörte ich, wie Tinta das Treppenhaus runterstöckelte, das Haus verließ und sich auf den Weg machte, um Fiona abzuholen. Nach einer Viertelstunde klingelte wieder das Telefon.

„Hallo, hier Martin aus dem Kindergarten. Tinta will Fiona abholen, aaaber es gibt ein Problem: Fiona möchte, dass Sie kommen. Sie schreit wie am Spieß und wir können sie nicht beruhigen.“

Wie von einer Tarantel gestochen, zog ich mich an, packte den noch schlafenden Liam in den Kinderwagen und joggte den ganzen Weg zum Kindergarten. Auf Hälfte der Strecke kam mir Tinta kopfschüttelnd entgegen.

„Ich kann nichts machen, sie geht nicht mit mir mit und ignoriert mich jetzt“, sagte sie mit schlechtem Gewissen.

Im Kindergarten angekommen, schaute Fiona mich ganz neutral an und kam in der Kunst der Langsamkeit auf mich zu.

„Mama, duuu sollst mich abholen. Du sollst Fiona abholen, du hast gesagen ‚Fiona abholen‘ “.

Langsam verstand ich: Ich hatte ihr am Morgen extra nochmal gesagt, dass ICH sie abholen würde, stattdessen kam nun Tinta.

So, wie wir Fiona erzogen haben, wollte sie auch mich erziehen: *Das, was man sagt, muss man auch einhalten. Nur so kann man sich auf den anderen verlassen.* Nun konnte ich Fiona schon verstehen. Aber mir war es total unangenehm, dass sie so eine Szene gemacht hat. Schließlich kennt Fiona ihre Tinta doch gut…

Mir wäre es echt lieber gewesen, wenn sie einfach mit Tinta gekommen wäre. Aber gut, Fiona hat sich einfach nur gemerkt, dass ich sie abholen würde. Wenigstens hat sie beim Fotografen prima mitgemacht.

Menschenskinder!

Bewährte Tipps fürs Abholen im Kindergarten

- Dem Kind sagen, wann es von wem abgeholt wird und sich (wenn möglich) auch daranhalten.
- Kinder brauchen verlässliche Eltern, besonders, wenn es um Trennungsängste geht.[70]
- Individuelle Rituale einführen! Zum Beispiel wird Fiona von Ralph immer auf den Schultern getragen, Tinta bringt Fiona immer ein Kaugummi mit und ich halte die Arme weit auf, sodass Fiona mir in die Arme fallen kann.
- Eigene Gedanken/ Notizen:

  ____

  ____

  ____

  ____

Vom Zahnen, Erschöpfung und mal wieder einem Kinderarztbesuch

(Fiona ist 2 Jahre und 10 Monate alt, Liam ist 8 Monate alt)

„Grüble nicht, was möglich ist und was nicht.
Tu, was du mit deinen Kräften zustande bringst
- darauf kommt es an."
Leo Tolstoi (1828-1910)

Am liebsten würde ich nun zum Hörer greifen, meine Mama anrufen und in den Hörer jaulen, in der Art und Weise, wie Fiona oft „Mamaaaa!" jammert und in meine Arme stürmt. Und dann möchte ich auch in den Arm genommen werden, wie früher.

Aber Oma Biene ist heute zu ihrem allwöchentlichen Meditations-Yoga-Treffen und 420 km entfernt.

Ich bin mal wieder durch, übermüdet und überfordert. Mein Energielevel schätze ich zurzeit auf 30% und die Tränen warten in meinen Augäpfeln nur darauf, herauszudürfen. Ich merke, ich muss auf mich aufpassen.

Heute ist Mittwoch und Ralph war das letzte Mal in der Nacht von Montag auf Dienstag für acht Stunden zum Schlafen da. Sein Schichtdienst lässt grüßen und ich fühle mich mal wieder wie eine alleinerziehende Mutter, einsam und verlassen.

„Dein Mann ist doch so oft da", sagt Tinta immer, die wohl eine völlig andere Wahrnehmung hat, als ich…

Zudem macht mich das Schlafdefizit der letzten Wochen mürbe und ich fühle mich einfach nicht mehr ausgeruht und ausgeglichen.

Liam hat vorgestern seinen dritten Zahn bekommen. In einem kinderärztlichen Buch habe ich gelesen, dass Zahnen für Kinder völlig unproblematisch sei und zu keinen Komplikationen führen würde. Das dementiert jedoch mein gesamter Bekanntenkreis und auch ich sehe das völlig anders!

Die Kinderärzte begründen die auftretenden Symptome damit, dass das Zahnen häufig zeitgleich mit einem Infekt zusammen aufträte und das Immunsystem (während des Zahnens) heruntergefahren wird. Dazukommend zahnen die Kinder oft zeitgleich mit der Umstellung der Ernährung von der Mutter- oder Ersatzmilch auf feste Nahrung.

Jedenfalls litt Fiona und leidet auch Liam total beim Zahnen der ersten Zähne und hat Symptome wie Durchfall, einen wunden Po, gerötete, warme Wangen, geschwollenes Zahnfleisch an der Stelle des neu kommenden Zahnes sowie Unruhe (vor allem in der Nacht) und Weinerlichkeit. Zudem hängt Liam mir am Schürzen- äh, Rockzipfel und folgt mir auf Schritt und Tritt. Ganz zu schweigen von dem laufenden Sabber, der unentwegt aus seinem Mund träufelt und mindestens vier Halstücher und zwei Pullover (wenn man die Halstücher nicht schnell genug wechselt) am Tag nass werden lässt... Die Symptome bei den Kindern bilde ich mir nicht ein und ich finde es gut, wenn man weiß, warum es den Kindern nicht gut geht und das ist das Zahnen!

Na ja, vielleicht verbunden mit einem leichten Infekt!? Egal!

Jedenfalls, wachten beide Kinder am Morgen mal wieder viel zu früh auf. Nach einem gemeinsamen Frühstück ging Fiona in den Kindergarten. Danach kauften Liam und ich ein, spielten und gönnten uns dann wunderbare Ruhe, beziehungsweise hatten das zumindest vor.

Wir waren gerade eingeschlafen, als es nach zehn Minuten an der Wohnungstür Sturm klingelte. Der Paketdienst war da und wollte mal wieder ein Päckchen für die lieben Nachbarn abgeben, was ich als freundliche Anwohnerin, die ja „immer zu Hause ist", entgegennahm.

Gut, wenigstens ist Liam vom Klingeln nicht wach worden.

Ich schlich mich wieder ins Bett, bis es nach kurzer Zeit wieder an der Wohnungstür schellte. Gekonnt ignorierte ich die Klingel, bis zwei Minuten später das Telefon Sturm klingelte. Ich verabschiedete mich von meinem Bett und ging entnervt ans Telefon.

„Entschuldige, habe ich dich geweckt?", fragte Tinta.

„Ja, aber nicht schlimm", erwiderte ich, zumindest teilweise der Wahrheit entsprechend.

„Ich wollte nur fragen, wie wir das heute Nachmittag machen, ähm... Ich komm mal kurz runter!" sagte sie und legte auf.

Endgültig verabschiedete ich mich von meinem Vorsatz, mich noch einmal ins inzwischen wohl kalt gewordene Bett zu legen.

Am Nachmittag würde Tinta das erste Mal auf Liam aufpassen, während ich mit Fiona zu einer Vorsorgeuntersuchung (U7a) gehen wollte.

Liam sollte bei Tinta bleiben, um mich voll und ganz auf Fiona konzentrieren zu können. So war auch ich aufgeregt, wie das mit den beiden wohl klappt.

Nach einem Wohnungsputz, der dann doch wieder dazu führte, dass ich „eben nur“ die Küche, das Bad, den Flur und das Wohnzimmer wischte (dabei hatte ich vor drei Tagen doch erst gesaugt und gewischt!), trug ich den noch schlafenden Liam in den Kinderwagen, um Fiona vom Kindergarten abzuholen. Wie fast immer gut gelaunt, sprang Fiona mir entgegen, küsste ihren Bruder ab und sagte „Will noch laaange bleiben!“

„Morgen, Schatz. Morgen, bringe ich dich wieder her, ok?“, versprach ich und half ihr beim Anziehen. Wieder zu Hause weigerte sie sich jedoch ihren Mittagsschlaf zu machen.

„Fiona, du musst jetzt bitte schlafen, dein Körper muss sich doch ausruhen“, versuchte ich sie zu überzeugen, doch nach fünf Minuten kam sie strahlend aus ihrem Kinderzimmer und meinte „Mama, ich bin ausgeschlafen!“.

Nach zwei Stunden intensiver Beschäftigungsspieltherapie kam Tinta runter und nahm den inzwischen ausgepowerten Liam entgegen, mit dem sie spazieren gehen wollte, während wir zum Kinderarzt gingen.

Natürlich hatte die Straßenbahn Verspätung, gehetzt liefen Fiona und ich die letzten Meter zum Kinderarzt und kamen gerade noch rechtzeitig an.

Puh, Glück gehabt!

Verschwitzt zog ich unsere Jacken aus und gab das Versichertenkärtchen und Vorsorgeheft ab. Schon vor Monaten hatte ich den Termin extra so gelegt, dass wir keine lange Wartezeit haben sollten: 15.10 Uhr, der zweite Termin am Nachmittag war abgemacht. Und was sagte uns die Sprechstundenhilfe?

„Bitte setzten Sie sich noch ins Wartezimmer, Frau Doktor hat noch eine Vorsorge vor Ihnen und heute ist einfach die Hölle los!"

Hurra. Wieder einmal warten.

Ich merkte, wie sich aufkommender Ärger in mir staute, lächelte aber brav und sagte „Danke."

35 Minuten später durften wir endlich ins Arztzimmer, wo Fiona gewogen und gemessen wurde und einen Sprachtest machen musste: Völlig gelangweilt und abarbeitend bat die Kinderkrankenschwester Fiona sich auf meinen Schoß zu setzen, legte einen schwarz-weißen Bilderbogen auf den Tisch, „der wichtige Wörter der deutschen Sprache erfragt, um mögliche Sprachbildungsstörungen zu erkennen" und bat Fiona zu sagen, was sie hier auf den Bildern sieht.

Mein Töchterchen überlegte und ich merkte, wie die Kinderkrankenschwester unruhig wurde.

„Eine Kugel", sagte sie zu dem Ball.

„Fiona, sag mal ‚Ball'" und Fiona wiederholte brav „Ball".

„Gut, was ist das hier?", fragte sie wieder, doch hielt ihren Stift so, das weder ich, noch Fiona etwas erkennen konnten, worauf ich sie auch freundlich hinwies.

„Blume, Puppe, Fisch", sagte Fiona fleißig und musste zwischendurch immer mal wieder ein Wort wiederholen, besonders, wenn es um das „s" oder „sch" ging.

Fiona hatte das prima gemacht und hatte nur zum Ball Kugel und zum Nest (in dem drei Eier lagen) Eier gesagt.

„Sie kommt ja bald in den Kindergarten, da kann sie noch nicht alles wissen", meinte die „nette" Dame und entfernte sich aus dem Zimmer.

Ich war sprachlos über diesen Kommentar und schluckte weiteren Ärger runter.

Hätte man nicht auch mal etwas Nettes, Bestärkendes sagen können?

Außerdem war Fiona ja auch schon seit ein paar Wochen im Kindergarten, aber das interessierte die Frau überhaupt nicht.

Etwa fünf Minuten später kam dann endlich Fionas Kinderärztin herein. Sehr sensibel und empathisch ging wenigstens sie auf Fiona zu und führte ihr Untersuchungsprogramm durch, beantwortete meine Fragen und schaute dann in den Impfpass.

„An Ihrer Stelle würde ich Fiona unbedingt gegen Windpocken impfen lassen, sie hat doch ihren kleinen Bruder zu Hause. Windpocken können sehr unangenehm für Kinder werden und auch später noch zu Folgeerkrankungen führen", und sprach von Gürtelrose, Hirnhautentzündungen und Lungenentzündungen. Ich spürte, wie meine vor Aufregung verschwitzten Achseln noch nasser wurden.

„Glauben Sie mir, die Krankenkassen würden den Impfstoff nicht bezahlen, wenn er sich nicht lohnen würde. Ich lasse Sie kurz alleine und komme gleich wieder“, meinte die Ärztin und gab mir damit kurze Bedenkzeit.

Kurzentschlossen versuchte ich Ralph zu erreichen, der aber wohl nicht ans Handy gehen konnte. So dachte ich alleine über Aluminium in Impfstoffen und Folgeerkrankungen nach und bekam gleich ein schlechtes Gewissen.

Leider ist nach bisherigem Forschungsstand ein Impfen ohne Aluminiumsalze nicht möglich…

Trotzdem entschied ich mich für die Impfung.

Das schlechte Gewissen blieb, ich wusste aber auch, dass es bleiben würde, wenn ich Fiona nicht impfen ließ.

„Geht das auch ohne Tränen?“, fragte ich hoffnungsvoll und besorgt zugleich.

„Das können wir versuchen“, meinte die Kinderärztin.

Ich erklärte Fiona, dass es gleich einen kleinen Pikser geben würde...

Natürlich klappte es nicht ohne Tränen, sodass es mir gleich wieder so leidtat, sie impfen zu lassen.

Nach der Impfung sagte die Ärztin noch „Da es ja eine Lebendimpfung war, kann es gut sein, dass sie so nach sechs Stunden Fieber bekommt“.

Schweißgebadet verließ ich die Kinderarztpraxis mit einem immer noch weinenden Kind.

Auf meinem Handy erblickte ich keinen Anruf von Tinta, also schien es mit Liam und ihr gut zu funktionieren. Sicherheitshalber rief ich sie auf ihrem Handy an, um Bescheid zu geben, dass wir gleich kämen. Leider ging Tinta nicht an ihr Handy ran.

Entweder läuft es super gut und sie bekommt es einfach nicht mit oder Liam weint und sie kann vor lauter Weinen das Handy nicht hören, überlegte ich.

Da ich Tinta nicht verärgern und mit einem schreienden Baby zu lange alleine lassen wollte, spurtete ich mit Fiona zur nächsten Straßenbahn, wo ich es gerade noch rechtzeitig schaffte, einen Fahrschein zu kaufen.

Stress, lass nach…

Wieder zu Hause begrüßte Tinta mich mit strahlenden Augen.

„Liam hat bis eben geschlafen, er ist so traumhaft süß! Wir waren die ganze Zeit spazieren und sind vor Kurzem auch erst reingekommen. Trotzdem war es irgendwie anstrengend."

Dankbar und zufrieden nahm ich mein Baby in den Arm, was Fiona gar nicht gut fand.

„Mamaaaa", jammerte sie und wollte auch auf meinen Arm. In dem Moment klingelte es an der Wohnungstür und ich hoffte, dass es, wie verabredet, Oma Eva war, die direkt nach der Arbeit zu uns kommen wollte, um mich zu unterstützen.

Gott sei Dank war sie es!

Nun konnte auch ich mich für ein paar Minuten auf die Couch legen und wieder runterkommen.

Zwei Stunden später wollte ich mich mit Liam auf den Weg zu Fionas Kindergartenelternabend machen.

Der Schwiegermama wollte ich nicht beide Kinder dalassen, da es schwierig genug ist, eines der Kinder als noch Ungeübte ins Bett zu kriegen.

Diese Entscheidung sollte ich im Nachhinein bereuen….

Ja, ich gebs zu, ich bin eine Gluckenmama…

Also nahm ich Liam mit. Beim Verabschieden drückte Fiona auf die Tränendrüse, weinte lauthals und wollte sich nicht von mir trennen. Die Auswirkungen ihres Mittagsschlafstreiks, verbunden mit dem Kinderarztbesuch und Impfen, kamen zum Vorschein.

Ich nahm sie in den Arm. „Schätzchen, Oma Eva ist doch extra für dich gekommen. Sie möchte dir gleich eine ganz tolle Geschichte vorlesen. Ich bin auch gar nicht lange weg. Und vorhin hab ich dir doch schon erklärt, dass da nur Eltern sind. Du verpasst nichts!“, versuchte ich ihr zu erklären. Das brachte nichts und Fiona klammerte sich weiterhin an mich. In dem Moment spuckte Liam mit einem Milchschwall seine soeben frisch angezogenen Sachen voll.

Allererste Sahne, Sohnemann!

Die Schwiegermama nahm sich dem an und zog Liam frische Sachen an, während ich Fiona dann mit dem Ultimativen lockte: Ein Ass hatte ich noch im Ärmel:

„Na gut, dann darfst du mit Oma eine Folge Pippi Langstrumpf gucken!“

Fiona war sofort begeistert und mit leuchtenden Augen sprintete sie ins Wohnzimmer. Ja, das Fernsehen zieht halt immer…

Frisch angezogen wollte ich Liam gerade in den Kinderwagen packen, als ich roch, dass er in die Windel gekackt hatte. Und das, obwohl er vor einer Viertelstunde frisch gewickelt wurde und soeben frische Kleidung erhalten hat.

Also gut, das muss jetzt ganz schnell gehen, denn langsam wirds Zeit zum Losgehen…

Wieder kümmerte sich Oma Eva um Liam. Mittlerweile sahen wir die Szene als filmreif an und lachten.

Ich muss die Dinge öfter mit Humor sehen.

Doch nach Lachen war mir eigentlich gar nicht so zu Mute, denn wir mussten in die Gänge kommen, um den Elternabend noch pünktlich zu erreichen. Mit einem frisch gewickelten und zweimal umgezogenen Liam spurtete ich zur KiTa und war die Vorletzte.

26 Eltern blickten mir lächelnd entgegen. Nach 25 Minuten lächelten die meisten Eltern nicht mehr und mit roten Wangen verließ ich den Elternabend.

Liam hat es total langweilig auf meinem Schoß gefunden, wollte aber bei den ganzen Fremden auch nicht umherkrabbeln und war dazu auch zu müde, daher hatte er beschlossen sein Unbehagen und seine Müdigkeit laut kundzutun. Das Stillen vor den vielen Eltern klappte auch nicht wirklich. Ein im Arm Wiegen ließ er auch nicht zu, also gingen wir kurz vor der Elternbeiratswahl.

Auch gut, dann bin ich eben auch nicht im Elternbeirat.

Nach zwei Minuten Fußmarsch war Liam tief und fest eingeschlafen. Ich entschied mich dazu, nach Hause zu gehen und den Abend in Ruhe ausklingen zu lassen.

Spät am Abend habe ich meine Mama auch noch telefonisch erreicht und genoss es für einen Moment bewusst auch mal wieder Kind zu sein ☺

Bewährte Tipps:
Resilienz als psychische Widerstandskraft

- Forscher bezeichnen die Fähigkeit zur Selbstregulation, Offenheit und Neugierde, starkes Selbstvertrauen, Kontaktfähigkeit, soziale Kompetenz und Konfliktfähigkeit, Problemlösungsfähigkeiten, Autonomie und Stressregulation als psychische Widerstandskraft bzw. Resilienz.
- Die aktuelle Forschung zeigt, dass die Wurzeln der Widerstandskraft in der Kindheit liegen: *„In einer sicheren Bindung, die stark macht und mit deren Hilfe negative Erlebnisse wettgemacht werden können. Wenn ein Baby schon früh Geborgenheit und Liebe erfährt, seine Leistungen anerkannt und seine Fähigkeiten der Entwicklung angemessen gefördert werden und wenn es soziale Kontakte zu Altersgenossen knüpfen darf, entwickelt es eine lebenslange Widerstandskraft.“* [71]
- Eigene Gedanken/ Notizen:

____

____

____

____

Vom Impfstress und „Ich will nicht in den Kindergarten“

(Fiona ist 2 Jahre und 10 Monate alt, Liam ist 9 Monate alt)

„Die Kinder sind die wirklichen Lehrmeister der Menschheit.“
Peter Rosegger (1843-1918)

Gestern war ich mal wieder gestresst. Schon wieder mussten wir zum Kinderarzt, dieses Mal wegen einer Impfung für Liam.

Für Andere mag das eine Kleinigkeit sein, doch für mich ist das jedes Mal ein enormer Kraftaufwand.

Wieder einmal hatte ich mir extra einen Termin am frühen Morgen geben lassen, um lange Wartezeiten zu vermeiden. Wir sollten als zweite Patienten gleich am frühen Morgen drankommen. Dafür nahm ich ein frühes Aufstehen gerne in Kauf, da ich Fiona vorher eh noch in den Kindergarten bringen wollte.

Leider hatte Fiona nun zum ersten Mal überhaupt keine Lust in den Kindergarten zu gehen.

Ha, da habe ich bisher damit geprahlt, wie gerne meine Tochter diesen besucht und „Zack“, geht sie am nächsten Tag auf die Barrikaden und boykottiert mein Vorhaben. Lobe den Tag nicht vor dem Abend!

Bisher hatte Fiona mich an Wochenenden ganz enttäuscht angeschaut, wenn Kindergartenpause war. Tja, und heute sagte sie: „Mama, ich will dableiben, Mami, hier bei dir, Mamiiiiii“, und kuschelte sich an mich.

Da habe ich die Rechnung wohl ohne den Wirt gemacht... Als ob mein Töchterchen spürte, dass ein zu Hause bei mir Bleiben heute nicht möglich ist....

Ich wollte Fiona extra nicht sagen, dass Liam einen Impftermin hat, denn sonst wäre sie auf jeden Fall mitgekommen, um ihrem kleinen Bruder bei dem Pikser beizustehen (da sie doch letzte Woche erst gegen Windpocken geimpft wurde).

Du wirst dein Kind schon schaukeln, sagte ich zu mir selbst.

„Fiona, heute ist gesundes Frühstück im Kindergarten. Da kannst du ganz leckere Wurst und leckeren Käse essen“, versuchte ich mich in sanfter Überredungskunst.

Leider überzeugte sie das nicht.

Es wurde höchste Zeit zu gehen, doch ich war mit meinem Latein, oder sagen wir besser mit meinem Feingefühl am Ende. Immer nervöser, sah ich mich gezwungen, sie in den Kindergarten zu befehlen.

„Du kannst nicht hierbleiben. Die Kinder im Kindergarten sind dann ganz traurig. Mama muss arbeiten, Fiona, ich hab keine Zeit für dich.“

Fiona schien meine Nervosität ganz genau zu spüren. Trotzig zog sie sich an, zwar langsam, aber immerhin, sie tat es.

Meine Gefühle haben sich mal wieder auf meine Tochter übertragen und sie reagiert mit Trotz, war ja klar.

Natürlich kackte Liam auch noch genau dann in die Windel, als ich gerade den Schlüssel ins Schloss führen wollte, um abzuschließen.

Ich glaub, ich spinne.

Gehetzt kamen wir endlich beim Kindergarten an, wo Fiona sich heulend an mich klammerte und schrie (!) „Maaamiii, hierbleiben, ich will nicht, ich will mit Mamiiii".

Fast hätte sie mich weichgekriegt, als sich glücklicherweise Fionas Erzieherin um sie kümmerte und tröstend in den Arm nahm. Mit einer Handbewegung deutete sie an, dass ich gehen könne.

Ein filmreifer Moment als Rabenmutter.

Mir brach es schier das Herz meine Tochter weinend zurückzulassen, doch meine Priorität lag heute darin, Liam impfen zu lassen.

Nachdem ich mich ein paar Schritte vom Kindergarten entfernt hatte, lugte ich durchs Fenster und hörte prüfend, ob ihr Weinen abnahm. Was sollte Fiona auch anderes übrig bleiben…

In dem Moment dachte ich nur, dass es wirklich verrückt ist, was wir Eltern unseren Kleinen antun. Unsere Kinder haben doch wirklich keine andere Möglichkeit, als irgendwann (apathisch) mit dem Weinen aufzuhören.

Bewusst lenkte ich meine Gedanken auf den anstehenden Impfbesuch beim Kinderarzt und schob die Gedanken an meine unglückliche Tochter beiseite, denn ihr Unglücksempfinden wird sicherlich nicht lange anhalten.

Du musst konsequent sein, redete ich mir ein, *denn sonst wird sich das ganze Spektakel wieder und wieder wiederholen.*

Ich hoffte, dass es bei dieser emotionalen Situation bleiben würde und Fiona zukünftig wieder gerne in den Kindergarten geht.

Mit der Straßenbahn ging es mit Liam weiter zum Kinderarzt.

„Sie sind gleich als zweite dran“, meinte eine Sprechstundenhilfe. Doch eine Frau Jakob mit Sohn, eine Familie Sonnenschein mit drei Kindern und eine Mutter ohne Kind kamen trotzdem noch vor mir dran.

Diese Warterei dort ist immer entwürdigend, aber was bleibt einem anderes übrig!?

Nach 45 Minuten war es dann endlich so weit. Liam bekam seine Impfung und schrie, während ich emotional, wie immer, mitlitt und schwitzte. Noch im Fahrtstuhl kramte ich gehetzt mein Handy heraus, um im Kindergarten nachzufragen, wie es Fiona ginge.

„Alles gut, keine Sorgen machen. Sie spielt gerade schön mit der Puppe und Ali“, meinte die Kindergärtnerin. Dies beruhigte mich sehr.

Mittags holten Liam und ich Fiona wieder ab und sie freute sich uns zu sehen! Ich hatte schon Angst von ihr ignoriert zu werden, weil ich sie in dem Moment, wo sie mich doch brauchte, einfach verlassen habe. Doch Fiona wirkte wieder ausgeglichen und zusammen machten wir uns auf den Rückweg.

Bewusst passte ich mich ihrem Tempo an. Nun sollte sie bestimmen, wie schnell oder langsam wir nach Hause kamen.

Um die schönen Sonnenstrahlen auszunutzen, setzen wir uns noch für eine Weile auf eine Wiese und sahen

Schulkindern bei ihrem Sportunterricht zu. Fiona betrachtete diese interessiert und spielte mit kleinen Steinchen, während Liam zufrieden auf der Wiese herumkrabbelte.

Wie gut, dass die Schulzeit meiner Kleinen noch in weiter Ferne ist!, und dachte über all die Verpflichtungen und den Zeitdruck nach.

Ich genoss den Moment mit meinen zufriedenen Kindern und kostete die warmen Herbstsonnenstrahlen aus, bis wir dann nach einer Weile weitergingen.

Bewährte Tipps fürs Hinbringen in den Kindergarten

- *„Bleiben Sie liebevoll und fest zugleich. Absolut kontraproduktiv wäre es, wenn Sie sich davonstehlen würden, denn das würde die Angst vor dem Verlassenwerden noch mehr nähern."* [72]
- Individuelle Abschiedsrituale einführen (ich drücke Fiona und sage „viel Spaß!". Fiona winkt mir beim Abschied immer vom Fenster aus zu).
- Ich sage Fiona immer, wer (Papa, Mama, Tinta) sie später wann (nach dem Mittagessen um 12 Uhr) abholen wird, damit sie sich darauf einstellen kann.
- Weint das Kind beim Verabschieden, ist es wichtig, das Kind kurz zu trösten (oder es von den Erzieherinnen trösten zu lassen) und den Trennungsschmerz nicht zu ignorieren, damit der Abschiedsschmerz verarbeitet werden kann.
- Eigene Gedanken/ Notizen:________________

Trixy, die therapeutische Handpuppe
(Fiona ist 2 Jahre und 11 Monate alt, Liam ist 9 Monate alt)

„Erziehung ist Vorbild sein
und sonst nichts als Liebe.“
Maria Montessori (1870-1952)

Fiona hat die Hand-Mund-Fuß Krankheit, hurra.

In meiner kinderlosen Zeit habe ich noch nie davon gehört, höchstens von der Maul-und-Klauen-Seuche bei Rindern, was aber nichts miteinander zu tun hat. Jedenfalls hat Fiona unappetitliche, rote Flecken und Bläschen an den Handinnen- und Außenflächen, Fußsohlen und im sowie um den Mund.

An einem Freitag bekam sie pünktlich nach dem Kindergarten plötzlich hohes Fieber, Halsschmerzen und quengelte. Zwei Tage später kamen dann die beschriebenen roten Flecken dazu und endlich wussten wir die Diagnose.

Wir entschieden uns, nicht zum Kinderarzt zu gehen, da man bei diesem Virus eh nichts machen kann, als die Symptome zu lindern, Tee zu trinken und abzuwarten.

Jippie, das bedeutet, dass Fiona die nächsten Tage bei mir und Liam zu Hause bleibt (meine Freude ist an dieser Stelle ironisch gemeint).

Die letzte Woche ist sie eh nicht mehr so gerne in den Kindergarten gegangen und sagte morgens immer „Mama, ich will bei dir bleiben“. Also gut, da müssen wir jetzt durch.

Vor einem Jahr haben meine Eltern für ihre Enkel eine therapeutische Handspielpuppe gekauft, die Trixy getauft wurde und natürlich sprechen kann. Mein Vater bedient mit einer Hand ihren Mund und mit der anderen Hand eine ihrer Hände.

Trixy hat ihren eigenen kindlichen Charakter, ist liebenswert und frech zugleich, nimmt kein Blatt vor den Mund und „wohnt“ quasi bei meinen Eltern.

Regelmäßig schicken sie witzige und lebensnahe Videos von Trixy. Letztens backte Trixy zum Beispiel zusammen mit Oma Biene einen Kuchen, wobei Trixy das Lied „Backe, backe Kuchen“ sang. In einem anderen Video putzte sie sich ganz gründlich die Zähne (wobei sie sich die Zahnbürste zwischenzeitlich mal in die Nase steckte) und meine Mutter erklärte ihr, warum man überhaupt Zähne putzen muss (Fiona war gerade in einer Phase, in der sie Zähneputzen sehr ungern tat). Und vor einigen Wochen lag Trixy Cocktail trinkend mit einer Sonnenbrille auf der Nase am Strand zwischen Oma Biene und Opa Rainer (Trixy wurde da im Nachhinein mit einem Bildbearbeitungsprogramm reingebastelt).

„Zufällig“ begleitet Trixy mit ihren Erlebnissen nicht nur meine Eltern auf Schritt und Tritt, sondern unterstützt Fionas Entwicklungsschritte, was für Ralph und mich sehr erheiternd und erleichternd ist.

Heute Nachmittag kam wieder ein Video, in dem Trixy Halsschmerzen und Fieber hat (Fionas aktuelle Symptome bei der Hand-Mund-Fuß Krankheit). Dazu bekam Trixy das Fiebermesser in den Mund (was Fiona absolut hasst), einen roten Schal um den Hals gewickelt

(Fiona trägt jetzt auch brav einen roten Schal) und eine warme Tasse Tee mit einer ausgepressten Zitrone drin. Trixy fragte meine Mutter natürlich haargenau, warum sie das nun machen soll, was Fieber überhaupt ist, warum es ihr so schlecht geht, wofür der Schal sei und warum sie nun Tee trinken soll.

Ich bin meinen Eltern sehr dankbar für diese wunderbaren Ideen. Und Fiona guckt seit einer Viertelstunde das Video im Repeat-Modus, yeah ☺

Der dritte Geburtstag

(Fiona ist fast 3 Jahre alt, Liam ist 10 Monate alt)

„Die Zeit ist kurz, o Mensch,
sei weise und wuchre mit dem Augenblick.
Nur einmal machst du diese Reise,
lass eine gute Spur zurück!"
Bernhard Harder (1878-1970)

Warum kann man nicht einfach den Moment des Lebens in vollen Zügen genießen?

Immer wieder blickt man in die Vergangenheit und Zukunft, dabei ist es doch die Gegenwart, in der wir leben. Ja, das stimmt. Aber trotzdem ist es wichtig, ab und zu auch in die anderen Zeitdimensionen zu blicken: In die Vergangenheit, um zu reflektieren und in Erinnerungen zu schwelgen, und in die Zukunft, um Träume zu pflegen und zu verwirklichen.

Morgen wird Fiona drei Jahre alt, ich kann es kaum glauben. Der dritte Geburtstag ist für Fiona etwas ganz Besonderes- auch für Ralph und mich.

Schon Monate vorher freute Fiona sich auf das neue Lebensjahr, denn die großen Dreijährigen in ihrem Kindergarten können ihrer Ansicht nach schon sooo viel mehr.

Letztens wurde Fiona von einem älteren Mann in der Straßenbahn gefragt: „Wie alt bist du denn?", worauf Fiona ihm zerknirscht zwei Finger zeigte.

Nickend fügte sie schnell hinzu: „Bald werde ich drei Jahre, so alt!" und hielt ihm stolz drei Finger hin.

Schon als kleiner Mensch blickt man sehnsüchtig in die Zukunft…

Als Familie haben wir nun schon 1096 Tage miteinander verbracht. In ihren 36 Lebensmonaten ist Fiona größer, schlauer, selbständiger und willensstärker geworden. Es macht nun so viel Freude und Spaß, sich mit ihr zu unterhalten, zu telefonieren und ihr etwas vorzulesen, denn sie kann mittlerweile flüssig sprechen und ziemlich alles verstehen.

Nach ihren ersten 774 Lebenstagen kam ihr Bruder Liam auf die Welt. Seitdem muss sie ihren Nachfolgerthron teilen und bleibt dennoch die Erstgeborene mit besonderen Privilegien, aber auch neuen Verzichten. Ihrem kleinen Bruder schenkt sie ihre Erfahrungen, teilt mit ihm Freud und Leid, streitet um Spielzeug, kuschelt und liebkost. Zusammen sind sie insgesamt sehr glückliche Geschwisterkinder- auf dass das auch in Zukunft so bleibt!

Wie die Zeit doch vergeht… Vor ein paar Wochen, so kommt es mir vor, haben Fiona und ich noch Puzzle ab 18 Monaten gemacht. Und nun haben wir gestern zum ersten Mal zusammen mit Barbiepuppen gespielt, welche meine Eltern noch aus meiner Kindheit aufbewahrt haben. Es war herzallerliebst anzuschauen, wie Fiona mit Barbie und Ken die Welt der Erwachsenen in kleinen Rollenspielen nacheiferte...

Insgesamt haben wir in Fionas und Liams „Laufbahn“ acht verschiedene Kinderärzte kennengelernt… Zum Leben im 21. Jahrhundert gehören diese Arztbesuche zwar nicht unbedingt verbindlich dazu, doch fühlt es sich mit den zig Impfungen, Vorsorgeuntersuchungen und Krankheiten leider verpflichtend an.

Für meine Zukunft habe ich noch viele Wünsche, Pläne und Sehnsüchte… Ein eigenes Arbeitszimmer für mich, für jedes Kind ein Kinderzimmer und ein großer Garten wären Luxus, pur!

Die Dreißig habe ich längst überschritten und so langsam werden Ralph und ich ein altes Ehepaar. Hat man sich zu den ersten Jahrestagen noch romantische Briefe geschrieben und sich voller Leidenschaft ausgemalt, was der Andere beim nächsten Date wohl tragen wird, so sind wir nun froh, wenn wir Zeit dazu finden, gemeinsam anstehende Termine abzustimmen, um sie im Kalender festzuhalten (aktuell passiert das meist ungeduscht am frühen Morgen im Schlafanzug).

Wir Mütter haben die *Freiheit*, unser Dasein in der Mutter-Szene so zu gestalten, wie wir uns wohlfühlen, ganz egal, welches Lebensmodell das ist.

Wichtig ist, dass man sich durch andere (Mütter) nicht verunsichern lässt, sondern diese als Spiegel nutzt, um eigenes Verhalten zu reflektieren und zu entscheiden, ob die aktuelle Lebenssituation, die gewünschte ist. Wir können über unseren Lebensstil zu einem Großteil selbst entscheiden!

Für mich ist es wichtig, nah bei meinen Kindern zu sein und viel Zeit mit ihnen zu verbringen. Ein Marathonleben im Ultrabeschleuniger für meine Familie will ich nicht. Dafür bin ich einfach nicht der Typ.

Nein, ich möchte den Luxus genießen, die Entwicklungsschritte meiner Kinder beobachten zu können und auf dem Weg zu ihrer Persönlichkeit dabei und für sie da zu sein.

Auch wenn unsere Gesellschaft mittlerweile recht tolerant ist, so wünsche ich mir für diese Entscheidung, vor allem auch von anderen Frauen, mehr Akzeptanz. Und auch für die andere Entscheidung, nämlich als Mutter in Vollzeit oder Teilzeit zu arbeiten- all das sollte ohne Rechtfertigungsdruck möglich sein!

Wenn Frauen eine Mutterrolle leben, mit der sie sich wohlfühlen, dann tun es auch ihre Kinder…

Und zum guten Schluss: „Wollt ihr noch ein drittes Kind?" wurden Ralph und ich nun schon ein paar Mal gefragt. Momentan: Neeeeeeeeeein! Aber was die Zukunft bringt, wird man ja sehen…

Nachwörtchen:

Vielen Dank, Mama und Papa, dass ich bei euch noch immer Kind sein darf. Ich habe euch soooo lieb!

Ich danke meinen zahlreichen Lektorinnen: Anna, Angela, Karin, Kathi, Mama und Tinta.

Meinen Dank vor allem an meine Familie: meiner größten Liebe und meinen beiden kleinen wertvollsten Schätzen der Welt!

Literatur

Bartig-Prang, Tatje: *Pipi. Kacka. Gut gewickelt – ruckzuck windelfrei.* Stuttgart: Trias Verlag, 2015

Denk, Felix & Denk, Silke: *Eltern, die auf Schaukeln starren.* Berlin: Ullstein, 2015

Drust, Rike: *Muttergefühle. Gesamtausgabe.* C. Bertelsmann Verlag, München: Verlagsgruppe Random House GmbH, 2011

Drust, Rike: *Muttergefühle. Zwei.* C. Bertelsmann Verlag, München: Verlagsgruppe Random House GmbH, 2017

Gebauer-Sesterhenn, Birgit, Pulkkinen, Anne & Edelmann, Katrin: *Die ersten drei Jahre meines Kindes: Das umfassende Standardwerk zu Entwicklung, Gesundheit und Erziehung* (2. Auflage). München: Gräfe und Unzer, 2017

Gerberding, Eva & Holst, Evelyn: *Wer sagt, dass Kinder glücklich machen?: Von Vätern und Müttern am Rande des Nervenzusammenbruchs-Mit Illustrationen von Til Mette.* Südwest Verlag, 2012

Götze, Hanne K.: *Kinder brauchen Mütter: die Risiken der Krippenbetreuung-was Kinder wirklich stark macht.* Ares Verlag, 2016

Graf, Danielle & Seide, Katja: *Das gewünschteste Wunschkind aller Zeiten treibt mich in den Wahnsinn. Der entspannte Weg durch Trotzphasen.* Weinheim Basel, Beltz Verlag, 2016

Heueck-Mauß, Doris: *Das Trotzkopfalter: der Ratgeber für Eltern von 2-bis 6-jährigen Kindern; der richtige*

Umgang mit kindlichen Emotionen; das Erziehungs-ABC mit Tipps und Strategien. Humboldt, 2016

Hörner, Birgit: *Edgar ohne Windel: Trocken werden mit dem Töpfchen-Trick.* Thekla Verlag, 2017

Hüther, Gerald & Nitsch, Cornelia: *Wie aus Kindern glückliche Erwachsene werden.* München: Gräfe und Unzer, 2013

Juul, Jesper: Elterncoaching: *Gelassen erziehen.* Weinheim und Basel: Beltz, 2011

Kast-Zahn, Annette: *Gelassen durch die Trotzphase.* München: Gräfe und Unzer Verlag, 2015

Kunze, Petra & Salamander, Catharina: *Die schönsten Rituale für Kinder.* München: Gräfe und Unzer, 2008

Lenbet, Aylin: *Lotta schläft - endlich!* Stuttgart: Trias Verlag, 2013

Lenbet, Aylin: *Kita, Krippe, Tagesmutter.* Stuttgart: Trias Verlag, 2014

Lenbet, Aylin: *Was Lotta alles kann. Das Baby-Entwicklungsbuch von 0 bis 3 Jahre.* Stuttgart: Trias Verlag, 2016

Lienhard, Valentin und Kunze, Petra: *Die Kunst gelassen zu erziehen: Buddhistische Weisheit für den Familienalltag.* Gräfe Und Unzer, 2011

Lionni, Le: *Frederick.* Köln u. Zürich: Middelhauve, 1967

Nedebock, Ulla: *Starke Kinder brauchen Regeln. Klare Grenzen – entspannte Familie.* Hannover: Humbold Verlag, 2016

Pantley, Elizabeth: *Erziehen ohne Frust und Tränen: das liebevolle Elternbuch.* Trias Verlag, 2012

Renz-Polster, Herbert, Menche, Nicole & Schäffler, Arne: *Gesundheit Für Kinder* (8. Auflage). München: Kösel, 2015

Riecke-Niklewski, Rose: *Mein Kind. Die ersten drei Jahre*. Berlin: Stiftung Warentest, 2015

Rogge, Jan-Uwe: *Der große Erziehungs-Check: Die besten Konzepte im Vergleich*. Stuttgart: Klett-Cotta, 2014

Rogge, Jan-Uwe & Bartram, Angelika: *Wie Sie reden, damit Ihr Kind zuhört und wie Sie zuhören, damit Ihr Kind redet*. München: Gräfe und Unzer, 2017

Saalfrank, Katharina: *Was unser Kinder brauchen: 7 Werte für eine gelingende Eltern-Kind-Beziehung*, München: Gräfe und Unzer, 2016

Stamer-Brandt, Petra & Murphy-Witt, Monika: *Das Erziehungs-ABC: von Angst bis Zorn*. München: Gräfe und Unzer, 2009

Themessl, Peter & Tillmetz, Eva: *Eltern werden-Partner bleiben: ein Überlebenshandbuch für Paare mit Nachwuchs*. Mabuse-Verlag, 2013

Von Ribbeck, Janko: *Schnelle Hilfe für Kinder*. Kösel-Verlag, 2017

Voos, Dunja: *Kleine Kinder richtig verstehen: Woran Sie erkennen, ob sich Ihr Kind normal entwickelt, Für einen entspannten Start in den ersten vier Lebensjahren*. Schlütersche, 2010

Hilfreiche Internetadressen:

- www.baby-und-familie.de, Website des Wort &

Bild Verlags. Informationen zu Familien-Gesundheit, Schwangerschaft, Geburt, Kinderkrankheiten und Erziehung

- www.dge.de, Deutsche Gesellschaft für Ernährung e.V.
- www.eltern.de, Website der Zeitschrift „Eltern“. Aktuelle Informationen zu Familienthemen, Beruf, Geld, Schwangerschaft und Co.
- www.familienhandbuch.de, Online-Handbuch des Staatsinstituts für Frühpädagogik (IFP). Hilfe in allen Familien- und Erziehungsfragen
- www.frauenwissenrat.de, Informationen über Schwangerschaft und Geburt(serfahrungen), Eltern sein und Stillen

Anmerkungen

[1] **Hessisches Sozialministerium und Hessisches Kultusministerium (HSM und HKM)**. (Hrsg.). (2014). *Bildung von Anfang an. Informationen für Eltern zum Bildungs- und Erziehungsplan für Kinder von 0 bis 10 Jahren in Hessen* (6. Aufl.). Wiesbaden.

[2] **Lenbet, Aylin**: *Was Lotta alles kann. Das Baby-Entwicklungsbuch von 0 bis 3 Jahre.* Stuttgart: Trias Verlag, 2016

[3] **Lenbet, Aylin**: *Lotta schläft - endlich!* Stuttgart: Trias Verlag, 2013

[4] wie die Maus Frederick, die Sonnenstrahlen, Farben und Wörter für graue Wintertage sammelt (**Lionni, Leo**: *Frederick*, Köln u. Zürich: Middelhauve, 1967)

[5] **Voos, Dunja**. *Kleine Kinder richtig verstehen: Woran Sie erkennen, ob sich Ihr Kind normal entwickelt, Für einen entspannten Start in den ersten vier Lebensjahren.* Schlütersche, 2010

[6] **Gebauer-Sesterhenn**, Birgit, Pulkkinen, Anne & Edelmann, Katrin. *Die ersten drei Jahre meines Kindes: Das umfassende Standardwerk zu Entwicklung, Gesundheit und Erziehung* (2. Auflage). München: Gräfe und Unzer, 2017

[7] **Lenbet, Aylin**: *Was Lotta alles kann. Das Baby-Entwicklungsbuch von 0 bis 3 Jahre.* Stuttgart: Trias Verlag, 2016

[8] **Lenbet, Aylin**: *Lotta schläft - endlich!* Stuttgart: Trias Verlag, 2013

[9] **Götze, Hanne K.**: *Kinder brauchen Mütter: die Risiken der Krippenbetreuung-was Kinder wirklich stark macht.* Ares Verlag, 2016

[10] **Lenbet, Aylin**: *Lotta schläft - endlich!* Stuttgart: Trias Verlag, 2013

[11] **Lenbet, Aylin**: *Lotta schläft - endlich!* Stuttgart: Trias Verlag, 2013

[12] **Kunze, Petra & Salamander, Catharina**: *Die schönsten Rituale für Kinder.* München: Gräfe und Unzer, 2008

[13] **Hüther, Gerald & Nitsch, Cornelia**: *Wie aus Kindern glückliche Erwachsene werden.* München: Gräfe und Unzer, 2013

[14] **Themessl, Peter & Tillmetz, Eva**: *Eltern werden-Partner bleiben: ein Überlebenshandbuch für Paare mit Nachwuchs.* Mabuse-Verlag, 2013

[15] **https://de.wikipedia.org/wiki/Haus-_und_Familienarbeit** (Zugriff am 27.09.2016)

[16] **Zeit online vom 04.08.2014** (Tina Groll, „Das bisschen Haushalt…"), http://www.zeit.de/karriere/2014-08/bezahlte-unbezahlte-arbeit-frauen (Zugriff am 01.11.2016)

[17] **Saalfrank, Katharina**: *Was unsere Kinder brauchen: 7 Werte für eine gelingende Eltern-Kind-Beziehung.* München: Gräfe Und Unzer, 2016

[18] **Pantley, Elizabeth**: *Erziehen ohne Frust und Tränen: das liebevolle Elternbuch.* Stuttgart: Trias Verlag, 2012

[19] **Renz-Polster, Herbert, Menche, Nicole & Schäffler, Arne**: *Gesundheit Für Kinder* (8.Auflage). München: Kösel, 2015

[20] **Von Ribbeck, Janko**: *Schnelle Hilfe für Kinder*. Kösel-Verlag, 2017

[21] **Graf, Danielle & Seide, Katja**: *Das gewünschteste Wunschkind aller Zeiten treibt mich in den Wahnsinn.* Weinheim Basel, Beltz Verlag, 2016

[22] **Drust, Rike**: *Muttergefühle, Gesamtausgabe.* C. Bertelsmann Verlag, München, in der Verlagsgruppe Random House GmbH, 2011

[23] **Heueck-Mauß, Doris**: *Das Trotzkopfalter: der Ratgeber für Eltern von 2-bis 6-jährigen Kindern; der richtige Umgang mit kindlichen Emotionen; das Erziehungs-ABC mit Tipps und Strategien.* Humboldt, 2016

[24] Broschüre zum Thema Vereinbarkeit von Beruf und Familie von der **Bundesvereinigung der Deutschen Arbeitgeberverbände** (BDA)

[25] **Statistisches Bundesamt** (2017). Zahl der Woche vom 25.04.2017

[26] **Statistisches Bundesamt** (2017). Kinder in der Kindertagesbetreuung

[27] **Lenbet, Aylin**: *Kita, Krippe, Tagesmutter.* Stuttgart: Trias Verlag, 2014

[28] **Voos, Dunja**: *Kleine Kinder richtig verstehen: Woran Sie erkennen, ob sich Ihr Kind normal entwickelt, Für einen entspannten Start in den ersten vier Lebensjahren.* Schlütersche, 2010

[29] **Gerberding, Eva & Holst, Evelyn**: *Wer sagt, dass Kinder glücklich machen?: Von Vätern und Müttern am Rande des Nervenzusammenbruchs-Mit Illustrationen von Til Mette.* Südwest Verlag, 2012

[30] **Heueck-Mauß, Doris**: *Das Trotzkopfalter: der Ratgeber für Eltern von 2-bis 6-jährigen Kindern; der richtige Umgang mit kindlichen Emotionen; das Erziehungs-ABC mit Tipps und Strategien.* Humboldt, 2016

[31] **Kast-Zahn, Annette**: *Gelassen durch die Trotzphase.* München: Gräfe und Unzer Verlag, 2015

[32] **Saalfrank, Katharina**: *Was unsere Kinder brauchen: 7 Werte für eine gelingende Eltern-Kind-Beziehung.* München: Gräfe Und Unzer, 2016

[33] **Gerberding, Eva & Holst, Evelyn**: *Wer sagt, dass Kinder glücklich machen? Von Vätern und Müttern am Rande des Nervenzusammenbruchs-Mit Illustrationen von Til Mette.* Südwest Verlag, 2012

[34] **Rogge, Jan-Uwe & Bartram, Angelika**: *Wie Sie reden, damit Ihr Kind zuhört und wie Sie zuhören, damit Ihr Kind redet.* München: Gräfe und Unzer, 2017

[35] **Lenbet, Aylin**: *Was Lotta alles kann. Das Baby-Entwicklungsbuch von 0 bis 3 Jahre.* Stuttgart: Trias Verlag, 2016

[36] **Lenbet, Aylin**: *Kita, Krippe, Tagesmutter.* Stuttgart: Trias Verlag, 2014

[37] **Lenbet, Aylin**: *Kita, Krippe, Tagesmutter.* Stuttgart: Trias Verlag, 2014

[38] **Rogge, Jan-Uwe & Bartram, Angelika**: *Wie Sie reden, damit Ihr Kind zuhört und wie Sie zuhören, damit Ihr Kind redet.* München: Gräfe und Unzer, 2017

[39] **Graf, Danielle & Seide, Katja**: *Das gewünschteste Wunschkind aller Zeiten treibt mich in den Wahnsinn.* Weinheim Basel, Beltz Verlag, 2016

[40] **Lienhard, Valentin & Kunze, Petra**: *Die Kunst gelassen zu erziehen: Buddhistische Weisheit für den Familienalltag.* Gräfe und Unzer, 2011

[41] **Saalfrank, Katharina**: *Was unsere Kinder brauchen: 7 Werte für eine gelingende Eltern-Kind-Beziehung.* Gräfe Und Unzer, 2016

[42] **Nedebock, Ulla**: *Starke Kinder brauchen Regeln. Klare Grenzen – entspannte Familie.* Humbold: Hannover, 2016

[43] **Gerberding, Eva & Holst, Evelyn**: *Wer sagt, dass Kinder glücklich machen?: Von Vätern und Müttern am Rande des Nervenzusammenbruchs-Mit Illustrationen von Til Mette.* Südwest Verlag, 2012

[44]**http://www.spiegel.de/gesundheit/ernaehrung/zucker-who-empfiehlt-nicht-mehr-als-sechs-teeloeffel-pro-tag-a-1021798.html** (Zugriff am 18.09.2016)

[45] **Riecke-Niklewski, Rose**: *Mein Kind. Die ersten drei Jahre.* Berlin: Stiftung Warentest, 2015

[46] **Nedebock, Ulla**: *Starke Kinder brauchen Regeln. Klare Grenzen – entspannte Familie.* Humbold: Hannover, 2016

[47] **Statistische Bundesamt** (2015). Zeitverwendungserhebung. Aktivitäten in Stunden und Minuten für ausgewählte Personengruppen. Wiesbaden: Statisches Bundesamt.
Download im Internet unter: www.destatis.de (Zugriff am 10.10.2016)

[48]**http://www.kindergesundheit-info.de/themen/krankes-kind/recht/berufstaetigkeit/** (Zugriff am 30.09.2016)

[49] **Saalfrank, Katharina**: *Was unsere Kinder brauchen: 7 Werte für eine gelingende Eltern-Kind-Beziehung.* München: Gräfe und Unzer, 2016

[50] **ELTERN Zeitschrift**, Ausgabe 10/2016, S. 30 (Interview mit Barbara Wolf, „Mit Leib und Seele", gekürzte Fassung)

[51] **Rogge, Jan-Uwe**. *Der große Erziehungs-Check: Die besten Konzepte im Vergleich.* Stuttgart: Klett-Cotta, 2014

[52]**ELTERN family**, Ausgabe 10/2017, S. 91 (Die neuen Kinderkrankheiten)

[53] **Rogge, Jan-Uwe & Bartram, Angelika**: *Wie Sie reden, damit Ihr Kind zuhört und wie Sie zuhören, damit Ihr Kind redet.* München: Gräfe und Unzer, 2017

[54] **Kast-Zahn, Annette**: *Gelassen durch die Trotzphase.* München: Gräfe und Unzer Verlag, 2015

[55] **Der Tagesspiegel** vom 15.06.2016 (Saara von Alten, „Kann man Kinder zu viel loben?"), http://www.tagesspiegel.de/berlin/familie-und-erziehung-kann-man-kinder-zu-viel-loben/13733102.html (Zugriff am 03.07.2017)

[56]**http://www.volksstimme.de/ratgeber/familienratgeber-jesper-juul-kinder-nicht-fuer-alles-loben** (gefunden am 03.072017)

[57] **Stamer-Brandt, Petra & Murphy-Witt, Monika**: *Das Erziehungs-ABC: von Angst bis Zorn*. München: Gräfe und Unzer, 2009

[58]**http://www.presseportal.de/pm/59659/2760604** (Zugriff am 14.10.2016)

[59] **Süddeutsche Zeitung** vom 25.04.2016 (Karin Janker, „Männer müssen Feministen werden")

[60] **Süddeutsche Zeitung Magazin**, Ausgabe 47/2011 (Cornelie Kister, „Kleine Kinder große Fragen")

[61] **Gerberding, Eva & Holst, Evelyn**: *Wer sagt, dass Kinder glücklich machen?: Von Vätern und Müttern am Rande des Nervenzusammenbruchs- Mit Illustrationen von Til Mette.* Südwest Verlag, 2012

[62] **www.familienhandbuch.de** -> Gerechtigkeitserleben und Glück in der Partnerschaft

[63] **Graf, Danielle & Seide, Katja**: *Das gewünschteste Wunschkind aller Zeiten treibt mich in den Wahnsinn.* Weinheim Basel, Beltz Verlag, 2016

[64] **Pantley, Elizabeth**: *Erziehen ohne Frust und Tränen: das liebevolle Elternbuch.* Stuttgart: Trias Verlag, 2012

[65] **Pantley, Elizabeth**: *Erziehen ohne Frust und Tränen: das liebevolle Elternbuch.* Stuttgart: Trias Verlag, 2012

[66] **Nedebock, Ulla**: *Starke Kinder brauchen Regeln. Klare Grenzen - entspannte Familie.* Hannover: Humbold Verlag, 2016

[67]**http://meedia.de/2015/04/27/mach-dass-es-aufhoert-vom-binge-watching-zum-purge-watching/** (Zugriff am 15.08.2017)

[68]**http://www.literaturtipps.de/topthema/thema/serien-als-das-sucht-mittel-unserer-zeit.html** (Zugriff am 15.08.2017)

[69] **Graf, Danielle & Seide, Katja**: *Das gewünschteste Wunschkind aller Zeiten treibt mich in den Wahnsinn.* Weinheim Basel, Beltz Verlag, 2016

[70] **Nedebock, Ulla**: *Starke Kinder brauchen Regeln. Klare Grenzen – entspannte Familie.* Hannover: Humbold Verlag, 2016

[71] **Gebauer-Sesterhenn, Birgit, Pulkkinen, Anne & Edelmann, Katrin**. *Die ersten drei Jahre meines Kindes: Das umfassende Standardwerk zu Entwicklung, Gesundheit und Erziehung* (2. Auflage). München: Gräfe und Unzer, 2017

[72] **Nedebock, Ulla**: *Starke Kinder brauchen Regeln. Klare Grenzen - entspannte Familie.* Hannover: Humbold Verlag, 2016

38003816R00166

Printed in Poland
by Amazon Fulfillment
Poland Sp. z o.o., Wrocław